U0889489

盛世
风尚

手机扫一扫，看视频、听音频

视频

莫高窟

飞越敦煌

一事一生，一人一窟
赵声良

一事一生，一人一窟
苏伯民

一事一生，一人一窟
王惠民

一事一生，一人一窟
赵晓星

音频

《盛世风尚》
全书朗读

2021年主题出版重点出版物

写给青少年的

敦煌故事

敦煌研究院 编　赵声良 主编

盛世风尚

谢静　杨婧嫱 著

读者出版传媒股份有限公司
甘 肃 教 育 出 版 社

图书在版编目（CIP）数据

写给青少年的敦煌故事．盛世风尚 / 敦煌研究院编；赵声良主编；谢静，杨婧嫱著．— 兰州：甘肃教育出版社，2021.12
ISBN 978-7-5423-5329-0

Ⅰ．①写… Ⅱ．①敦… ②赵… ③谢… Ⅲ．①敦煌学-青少年读物 Ⅳ．①K870.6-49

中国版本图书馆CIP数据核字（2021）第277057号

写给青少年的敦煌故事 盛世风尚

敦煌研究院 编　赵声良 主编　谢静　杨婧嫱 著

策　　划　王光辉　薛英昭　孙宝岩
项目负责　伏文东　王露莹　何佩佩
责任编辑　孙宝岩
装帧设计　石　璞　雷们起　张小乐
视频支持　敦煌研究院　敦煌市融媒体中心
图片支持　敦煌研究院
音频支持　甘肃飞天电子音像出版社

出　版　甘肃教育出版社
社　址　兰州市读者大道568号　730030
网　址　www.gseph.cn　E-mail　gseph@duzhe.cn
电　话　0931-8436489（编辑部）　0931-8773056（发行部）
传　真　0931-8435009
淘宝官方旗舰店　http://shop111038270.taobao.com

发　行　甘肃教育出版社　印　刷　山东新华印务有限公司
开　本　787毫米×1092毫米　1/16　印　张　13　字　数　106千
版　次　2021年12月第1版
印　次　2021年12月第1次印刷
书　号　ISBN 978-7-5423-5329-0　定　价　58.00元

图书若有破损、缺页可随时与印厂联系：0531-82079130
本书所有内容经作者同意授权，并许可使用
未经同意，不得以任何形式复制转载

总序

敦煌石窟包括莫高窟、榆林窟、西千佛洞等，共800多个洞窟，其中有5万多平方米的壁画和2000多身彩塑。1900年在莫高窟的藏经洞出土了6万多件古代珍贵文献和艺术品。这些无限丰富的文物，构成了敦煌文化的主体。

那么敦煌文化到底有什么价值和意义呢？习近平总书记在敦煌研究院座谈时指出，敦煌文化是各种文明长期交流融汇的结晶。敦煌文化展示了中华民族的文化自信。

敦煌作为中国古代通向西域的重要门户，中华文明同来自古印度、古希腊、古波斯等不同国家和地区的思想、宗教、艺术、文化在这里汇聚交融。敦煌文化就是中外文化交流的结晶，它见证了中华民族和丝绸之路沿线的各国各民族共同推动人类文明向前发展的历史。敦煌文化还体现了中国文化的包容性，包括对宗教的包容、民族文化的包容、审美价值取向的包容。这种包容性使敦煌文化具有世界性。

100多年前，敦煌藏经洞文物流失海外，引起了各国学者对这些文献的研究，形成了世界性的学科——敦煌学。经过100多年的发展，今天，世界上已有20多个国家的学者在进行敦煌学和相关领域的研究，敦煌学成为中外学者相互交流的重要内容。我国的敦煌学研究曾经历了曲折的阶段，从最初“敦煌在中国，研究在国外”的状况发展到了今天学术研究走在世界前列。特别是改革开放以来，中国的学者对敦煌文化各个领域都进行了深入研究，推出了越来越多的研究成果，极大地促进了相关科研、教育及文化建设的发展。今天我们正处在中华文化振兴和繁荣的大时代，挖掘并传播弘扬优秀传统文化，是我们研究者义不容辞的责任。

文化是需要传承的。我们要将敦煌文化广为传播，让全社会都了解敦煌，并从敦煌文化中获得中华优秀传统文化的滋养，从而更好地弘扬传统文化，树立文化自信。青少年是祖国的未来，让我国的青少年从小就学习、了解敦煌文化的真髓，有利于他们正确把握我国优秀传统文化的精神。本套丛书就是希望通过青少年喜闻乐见的方式，以适合青少年年龄特征和阅读习惯的文字，深入浅出地把敦煌文化传递给他们。希望越来越多的青少年朋友们通过这套丛书了解敦煌文化、热爱敦煌文化，并从中获得丰富的知识和灵感，提高自身的文化艺术素养。

赵声良

2021年12月

目录

引言

中国自古以来就有“衣冠王国”的美誉。衣冠服饰是一个时代审美情趣最直观的表现，是社会风尚变化的晴雨表。不同的衣冠服饰能够区分国家、民族、地位、身份、性别、行业等属性。敦煌凭借着优越的地理位置，成为丝绸之路的交通要塞，敦煌石窟中的壁画、塑像记录了从十六国至元代东西方各民族服饰文化交流融合的历史，从中我们可以一窥不同时期的风尚，是当之无愧的服饰文化博物馆。

敦煌壁画上出现的衣冠服饰主要来自于供养人，故事画、经变画、史迹画中的世俗人物形象，以及佛国人物形象。供养人是出钱建窟、侍奉佛像的人，他们在建窟后往往会在窟内留下自己的形象。故事画、经变画、史迹画，如农耕图、嫁娶图、礼佛图等，涉及社会生活的方方面面，绘有不同身份、不同行业、不同性别、不同年龄的人物，其服饰特征也反映着世俗人物的精神风貌。至于佛国人物形象，虽与世俗人物有所不同，但也不是凭空想象的，其形象、服饰也来源于现实生活。

衣冠服饰的发展变化与人们自身所处的自然环境、社会历史环境有着密切的关系，也会受到异族服饰文化的影响。敦煌石窟壁画、塑像中人物服饰反映着文化的多元性，不仅有汉族服饰，鲜卑、吐蕃、回鹘、党项、蒙古等少数民族服饰，还有西域、中亚、西亚、东亚、南亚各国王子和使臣的服饰，甚至黑人的衣冠服饰都有体现。敦煌服饰文化既体现出敦煌当地的服饰文化，也吸收了来自东西方各民族的服饰文化，形成了丰富的服饰文化内涵。

敦煌石窟壁画、彩塑跨越千年，见证着历史的潮起潮落，记载着世事的变幻无常。如今，我们站在历史的这头，借由敦煌石窟回溯过去，寻觅过往的痕迹，在细细品味敦煌石窟这张绘有不同时期、不同国家、不同民族服饰的历史长卷中，走进盛世敦煌的时尚风情。

袴褶靴帽——鲜卑族的传统服饰

袴褶这种服装源于军中，是胡人匈奴，东胡乌桓、鲜卑诸族等北方少数民族的传统服饰。鲜卑族是东胡的后裔，被匈奴击败后退居大兴安岭北部，世代过着以射猎为主的生活。随着族人逐渐增多，鲜卑族开始南迁，几经迁徙，在西汉时来到了水草肥美、适合游牧的匈奴故地——河套阴山一带。三国、两晋时，鲜卑族向中原发展，与中原汉王朝争夺天下，形成了五胡列国。随后，鲜卑族各部在中国西北建立了许多地方割据政权，其中鲜卑族拓跋部势力逐渐壮大，公元386年拓跋珪登代王之位，国号北魏。拓跋珪称帝后逐渐统一了中国的北方。

鲜卑族政权于公元439年灭北凉后，将敦煌纳入统治。从北魏开始，历经西魏、北周至杨坚581年建立隋朝为止，长达140余年，敦煌始终被鲜卑人所统治。敦煌石窟壁画中的供养人像、故事画、经变画中，遗存了不少鲜卑族等着北方少数民族传统服饰的人物形象。

鲜卑族以射猎和游牧为生，其服饰一方面需要抵御冬季的严寒，另一方面需要满足便于骑射的需求。所以，鲜卑族的传统服饰轻便而实用，一般包括袴褶、蹀躞带、辫发、毡帽、靴等。

袴褶是一种上衣下裤的形制。唐颜师古《急就篇》中注释："褶，重衣之最，在上者也。其形若袍，短身而广袖。一曰左衽之袍也。"袴褶的面料根据季节的冷暖，以粗厚的毛布、兽皮为主，也有用丝绸、棉布制作的。

褶为上衣，其款式类似现代的短大衣，圆领或交领，最初为对襟或左衽，窄袖。左衽是北方少数民族的服饰特点，是右襟压左襟，在左腋下挽结。汉族传统服饰与之相反多为右衽，即左襟压右襟，在右腋下挽结。

袴为裤子，其款式就是今天的合裆长裤。这种合裆长裤不仅便于骑马，也利于防寒保暖，更符合鲜卑族日常生活的需求。北朝鲜卑族的合裆长裤根据裤筒宽大程度分为大口袴、小口袴。穿大口袴行动不方便，所以常用带子把宽大的裤筒系扎，在膝盖处系扎称为缚裤，在裤口处系扎称为灯笼裤。鲜卑族的袴与汉族的袴最大的区别就在于裆，当时中原汉族服饰为上衣下裳，裳内着袴，但汉族的袴没有裆，只有两个裤筒，形制与套裤相似，穿时套在大腿处。

敦煌北朝时期的供养人画、故事画、经变画中都有穿袴褶的人物形象。此时的供养人画像还不是洞窟的主要内容，供养人一般被画得很小，高20~30厘米。画家绘制故事画和经变画时，其中人物形象都是根据现实生活来进行创作的，所以从中可以考证出鲜卑族的服饰样式。

在莫高窟北朝时期的洞窟中，可以看到许多身着袴褶的鲜卑族供养人画像。莫高窟北凉第275窟的男供养乐伎和供养人头戴幅巾，上身着交领窄袖褶衣，下身穿小口袴，脚上穿靴。幅巾，又称巾帻，是东汉以来的包头布（图1）。莫高窟西魏第285窟北壁男供养人（图2）身穿红色或黑色褶衣，腰系蹀躞带，蹀躞带上挂短剑、小囊等，下着白色袴，脚上穿靴。

此外在故事画中，也能见到穿着袴褶的鲜卑族人物形象。如

图1　莫高窟第275窟　北壁　男供养人　北凉

图2　莫高窟第285窟　北壁　男供养人　西魏

图3　莫高窟第285窟　南壁　五百强盗成佛因缘　西魏

图4　莫高窟第290窟　窟顶　佛传故事画局部　北周

莫高窟西魏第285窟南壁上层画五百强盗成佛因缘，与官兵作战的强盗头扎幅巾，身穿圆领或对襟的窄袖褶衣，下穿小口袴，脚上穿着靴子（图3）。

莫高窟北周第290窟窟顶所画的佛传故事画是敦煌壁画中绘制最早、内容最丰富、篇幅最长、规模最大的连环画式佛传故事。画中的人物形象多参考现实生活中的装束，身着袴褶，脚穿靴（图4、图5）。

图5　莫高窟第290窟　窟顶　佛传故事画局部　北周

鲜卑人男女皆常戴一种脑后垂裙，顶部为圆形的帽子，称“鲜卑帽”，亦称“突骑帽”“风帽”。这种帽子不仅能够遮蔽风沙，还能在北方冬季气候寒冷时起到保温的作用，同时还可以保护辫发。敦煌莫高窟出土的北魏刺绣上的鲜卑族供养人就头戴

图6　刺绣佛像　甘肃敦煌莫高窟出土　北魏

图7　河南邓县画像砖　石鼓吹乐队

这种鲜卑帽（图6）。

北朝鲜卑族除用毛织品、皮革做垂裙鲜卑帽，还用薄毡制作卷檐毡帽。此种卷檐毡帽有两种形制。一种是卷荷形，帽檐为圆形，较宽，向上翘。河南邓县出土的南北朝画像石鼓吹乐队的伎人就戴这种卷荷形毡帽（图7）。另一种是半卷形，其形类似魏晋时期的小冠，又形如簸箕、牛舌头，俗称牛舌毡帽。该帽额前卷檐向前伸出，其余向上卷，形成前低后高的簸箕状。若遇风雪寒冷天气，可将后部的卷檐翻下，护住耳朵与脖颈。莫高窟西魏第285窟男供养人就戴这种卷檐毡帽，只是图中将卷檐画得太小了（见图2）。

蹀躞带——北方少数民族的『皮带』

现在人们穿的衣服有口袋，可以将常用的小物品放在口袋中。但古代少数民族身着袴褶，没有口袋，那么他们怎么携带日常生活物品呢？这里不得不提到少数民族的蹀躞带。

蹀躞带是鲜卑族及北方少数民族穿袴褶时系在腰间的革带，由带身、蹀躞、带钩三部分组成。带身类似于现在的皮带，一般由兽皮做成。蹀躞是指皮带上垂挂的系佩物品的小带子。带钩一般由金属做成，是固定皮带两头，调节腰带松紧的扣子，相当于现代皮带上的搀子。蹀躞带，一方面能起到束腰紧身、方便人们行动的作用；另一方面蹀躞带通过系佩的囊袋，可以将日常生活用品，如小刀、解锥、针筒、火石、磨刀石、手巾等装入其中。鲜卑族等少数民族一般用金属小环或皮革小环把蹀躞垂挂在皮带上，然后紧系腰间。

从史料和出土实物看，匈奴及东胡系统的鲜卑族、乌桓族及其他许多北方少数民族都有系蹀躞带的习俗。敦煌壁画人物形象中除鲜卑族外，其他少数民族如吐蕃人、回鹘人、党项人也都系蹀躞带。

敦煌壁画中系蹀躞带的供养人最早出现在莫高窟西魏第285窟，其北壁和东壁说法图下面有多身男供养人（图8），腰系蹀躞带，蹀躞带上挂短剑、小囊等，通过供养题记中的“滑”“阴”“史”“何”这些北方少数民族姓氏，可以判断出供养人的身份。

图8　莫高窟第285窟　北壁　蹀躞带　西魏

蹀躞带自两晋时期传入中原，被汉族人民所接受学习，并逐渐流行于宫中与民间。尤其是军中武士皆喜欢佩这种既实用又兼具装饰作用的蹀躞带。

唐初，蹀躞带被定为官服的饰品，腰带上悬挂的物品通常有七种，谓“蹀躞七事”。《旧唐书·舆服志》记载：“七谓佩刀、刀子、砺石、契苾真、哕厥、针筒、火石袋等也。”“七事”中的“契苾真”和“哕厥”目前不确定是什么，可能是剪刀、解锥，应是来源于少数民族语言的汉字音译，其余几件都是北方少数民族日常生活用品。唐代时，蹀躞带曾一度被定为文武官员的必佩之物，开元以后，由于朝廷有了新规定，文武官员不再佩带。

蹀躞带成为唐代贵族女子着男装的时尚饰品。《新唐书·五行志》记载：“高宗尝宴。太平公主紫衫、玉带、皂罗折上巾，具纷砺七事，歌舞于帝前。”说的是唐高宗一次设宴时，太平公主身着紫衫男装，腰佩玉带，头戴幞头，于帝前歌舞。“纷砺七事”指的就是蹀躞七事。由于宫中流行这种女着男装的风尚，上行下效，风行一时。唐代的宫女也多有身着佩蹀躞带的胡服的，如陕西乾县永泰公主墓壁画中的侍女和西安韦项墓壁画中的侍女。由此可见，蹀躞带成为唐代最时尚、最流行的服装饰品。后来蹀躞带衍化为一种男女通用的装饰品，从隋唐一直沿用至宋、辽、金、西夏、元代。

辫发披发——鲜卑族的习俗

鲜卑族作为少数民族，男女皆辫发披发。鲜卑族的“披发”并不是指“披头散发”，而是将头发编成辫子再披于脑或垂在肩上。《资治通鉴·晋纪》记载：“索头，鲜卑种，以其辫发，故称谓索头。”索头指的是北方鲜卑族，因鲜卑族辫发的习俗，中原汉族将鲜卑族称为索头。《晋书·吐谷浑传》记载：“妇人以金花为首饰，辫发萦后，缀以珠贝。”妇女们用金花做成首饰，辫发放在脑后，并在辫子上装饰珠贝。吐谷浑是鲜卑族的一支，西迁至甘南和青海一带游牧、发展，建立了吐谷浑，后被吐蕃所灭。

北魏孝文帝在太和年间，改革鲜卑族原始的衣冠服制，其中辫发也在革除之列。但这一举措受到王公旧族的反对。太子元询因反对孝文帝的迁都和汉化改革，私下毁掉孝文帝元宏给他的汉族衣冠，解下发髻，仍为辫发，穿鲜卑的左衽服装。

鲜卑族的辫发披发习俗并没有因孝文帝的改革而消失。孝文帝死后，北魏晚期至北周期间，鲜卑族内掀起了一股反对孝文帝改革、恢

图9　莫高窟第285窟　北壁 / 东壁　男供养人　西魏

复鲜卑衣冠服饰及生活习俗的复旧之风。这种复旧之风在敦煌壁画中亦留下了遗迹。莫高窟西魏第285窟北壁及东壁男供养人像脑后皆垂有小辫子（图9)。《大唐新语》中欧阳询和鲜卑族的长孙无忌戏谑“索头连背暖”，也就是说鲜卑族辫发披于脑后可保暖，由此可见，鲜卑族的辫发习俗一直延续到了唐代。

褒衣博带、笼冠高履
——北魏孝文帝改制

北魏孝文帝迁都洛阳后，积极推行汉化政策，在服饰上吸收魏晋时期中原汉族的衣冠礼仪。太和十九年（495年），孝文帝颁赐百官冠服，以替代鲜卑族的传统服饰。此后，鲜卑族的统治者都开始穿着汉化后的衣冠服饰。北朝时期，敦煌几位地方统治者，如来自中原的东阳王元荣和建平公于义等，都极力支持佛教的发展，在敦煌莫高窟大兴开窟造像。他们统治期间，将中原风格融入敦煌艺术当中。中原风格指的是以汉族南朝士大夫生活、思想、审美为基础而形成的艺术风格。壁画中出现了秀骨清像、褒衣博带的人物形象，人物服饰结合了西域式风格和中原式文人士大夫风格，呈现出胡汉并行的特点。

褒衣是在秦汉时期深衣的基础上发展而来的一种上衣下裳连属的袍、衫。袍和衫的区别就是有无衬里，袍是有夹层的服饰，衫是单衣。秦汉时期的深衣、袍服的袖端，有一个收敛用的袖口，为的是保暖和便于活动。这种袖口古代称之为“祛”。魏晋时期，流行一种取掉祛的衫、袍。这类服饰，由于袖身垂直，两袖显得更加宽博。魏晋南北朝时，把这种衣袖宽博的袍、衫称为“褒衣”。

褒衣的流行一方面是因为士大夫生活富裕，衣服逐渐宽大；另一方面是受到魏晋玄学的清谈风气的影响，此时的文人儒士追求自由奔放、自然洒脱的内在境界和精神风貌，助长了衣裳博大、广袖博带之风，从而形成一代风尚。正如颜之推所言：“梁世士大夫，皆尚褒衣博带，大冠高履，出则车舆，入则扶持，郊郭之内，无乘马者。”这种宽袍大袖的服装体现了南朝士族追求舒适的潇洒风度。

博带，古代称之为大带，一般是用丝帛裁成的长带，系在深衣，袍、衫的外面，天子、士人等礼见朝会时都需要系大带。从史料记载来看，大带之制出现在商周时期，早期的大带等级差别十分显著，从尺寸、材料、色彩到装饰均有制度，穿着时视身份而异。大带的系束方法是由后绕前，于腰前系结，多余的部分垂下。下垂的这部分，在古代有个专用名词叫“绅”。因此，大带又叫“绅带”。秦汉之后，绅带之制得到了继承和发扬，不仅用于贵族男子，同时还用于朝廷命妇。魏晋时期，只要穿袍、衫的王公、大臣、贵族都必须系绅带。衣袖宽大的袍衫，束上宽博的绅带，被称为“褒衣博带”。南朝继承魏晋之时的服饰制度，南朝的王公、贵族、士人以穿褒衣博带为荣。因此，褒衣博带成了南朝汉族标志性的服饰。北魏孝文帝改制后，褒衣博带逐渐在鲜卑族贵族、官吏中流行开来。

冠作为一种首服，和现在的帽子并不一样，起初它的用途是固定和修饰发髻的发罩。除此外，冠还有礼仪上的性质。《礼记·冠义》说“冠而后服备”“冠者礼之始也”。冠礼是中国汉族男子二十岁的成年礼。经过历代发展，冠制日臻完善，冠逐渐成为“昭名分，辨等威”的一种标识，不同身份、地位、等级的人所戴的冠都有所不同。

魏晋南北朝时流行一种高冠——笼冠。笼冠最早产生于汉代，其形制为平顶筒状，用黑漆细纱做成，两侧有耳垂下，戴时罩于巾帻或小冠之外，下用丝带缚紧。因用漆纱制成，亦叫"漆纱笼冠""漆纱笼巾"。这种笼冠官吏、文士、平民、男女皆可戴。其形象在魏晋南北朝时期的绘画、墓俑中多见。如东晋顾恺之《洛神赋图》曹植的随从侍臣、侍者皆戴此种漆纱笼冠，着褒衣博带、衣袂飘飘的衣服（图10）。北魏孝文帝改革之后，笼冠成为官吏文士的一种冠饰，在鲜卑官吏、贵族

图10　笼冠　顾恺之《洛神赋图》

中流行。有的甚至与鲜卑族的帽子、袴褶并服，呈现出胡汉相融的风貌。

魏晋时期男子的首服除了冠以外还有巾和帻。《释名·释首饰》就记有："二十成人，士冠，庶人巾。"也就是说，男子年满二十，例行加冠之礼。礼毕根据身份地位来选择首服，士以上的尊者戴冠，平民百姓则包裹头巾。巾又称为"帻""幅巾"，是裹头用的布帕，能起到保暖和防护的作用，轻便而实用。扎巾分为长条形和方形。魏晋南北朝时期，由于盛行玄学，提倡潇洒脱俗，不拘礼教。这时的士大夫平时私下也会戴巾。莫高窟西魏第285窟所画五百强盗成佛因缘，其中的强盗脑后就裹着长带飘飘的巾（见图3）。

古代的鞋子也与现在的鞋子有所区别，此时的鞋统称为"屦"或"履"。南北朝时期流行笏头履，鞋头翻卷高翘，像是古代臣子上朝双手持的笏板。鞋子顶部一般为圆弧形或山字形，无论男女都可穿着。笏头履能将宽大曳地的裙摆勾住，方便人们行走。北魏孝文帝改制，服饰方面以南朝服饰为基调革新，因此这种笏头高履也流行于北朝鲜卑族王公贵族中。

敦煌北朝洞窟中出现了大量褒衣博带、笼冠高履的人物形象。莫高窟西魏第285窟北壁西端"二佛并坐"说法图下有三身男供养人，均穿戴对襟宽大的袍衫，头戴笼冠（图11）。其中最前较高大的一身，敦煌研究院的研究者推断可能是东阳王元荣，其后两人可能是元荣的侍臣或家人。莫高窟西魏第285窟主室北壁发愿文中存有西魏大统四年（538年）、五年（539年）的纪年，是敦煌石窟中最早有确切开凿年代的洞窟。在此期间敦煌的地方统治者是东阳王元荣。元荣是北魏明元帝拓跋嗣的玄孙。孝昌元年（525年）前出任瓜州刺史，来到敦煌。永

图11　莫高窟第285窟　北壁　男供养人　西魏

安二年（529年）被赐封为东阳王。至西魏大统八年（542年），元荣一直任瓜州刺史，是敦煌地方的实际统治者。元荣在敦煌任职期间，不仅维持了敦煌的一方太平，也发展了敦煌的佛教艺术，带来了具有汉族南朝“秀骨清像”的新风格。

莫高窟西魏第285窟南壁下层绘有《小沙弥守戒自杀因缘》。这个故事大意是，从前，古印度有一位长者把自己的儿子送到一位德高望重的高僧门下，受戒为小沙弥。一日，高僧让小沙弥到本城的一位富有的居士家拿取布施的食物，刚好那日只有居士的女儿独自在家，少女对小沙弥顿生爱慕，强求婚配。小沙弥守戒志坚，以身殉戒。古印度国法，僧人死在俗人家里，要交纳罚金。居士依法交纳罚金，国王

图12　莫高窟第285窟　南壁　国王和侍臣　西魏

为表彰小沙弥的高尚行为，将他火化后建塔供养。这个故事是以连环画的形式展开的。在第七幅画面“交纳罚金”里（图12），国王、侍臣都头戴笼冠，穿着对襟宽袖大袍，腰系带，手持麈尾。麈尾是驱虫、拂尘的一种工具。佛教中维摩诘常持麈尾辩经，魏晋南北朝时期人们好清谈，持麈尾逐渐成为一种潮流。

莫高窟西魏第285窟南壁中层绘有五百强盗成佛因缘，这个故事的大意是，古印度摩揭陀国边境上有五百个强盗，经常结伙拦路抢劫，枉杀无辜，断绝了与他国的道路。国王闻知后，亲自率领大军征剿，官兵与强盗进行了激烈的战斗。全副武装的骑兵战胜了五百强盗，国王对五百强盗施以酷刑：割鼻削耳，挖眼剁手，放逐深山。强盗在深山荒林中悲哀恸哭，其声音传到佛祖说法处。佛祖怜悯他们，便施法救度，使五百强盗双目复明，身体康复。五百强盗遂皈依佛门，隐居深林修行参禅，最后修成五百罗汉。这个故事也是以连环画的形式展开的。在连环画第三幅画面“审讯强盗”中（图13），国王和侍臣皆褒衣博带，内穿曲领中单，外着对襟衣袖宽大的袍衫，审讯强盗的侍臣头戴笼冠。

莫高窟北周290窟顶部四披绘有敦煌石窟规模最大、内容最丰富、

图13　莫高窟第285窟　南壁　国王及侍臣　西魏

图14　莫高窟第290窟　四披
王与臣议命太子学书　北周

图15　莫高窟第290窟　四披
王与臣议使太子出游　北周

篇幅最长的佛传故事画，共有87个画幅，其中国王、大臣、侍者的服装虽然根据故事情节有所变化，但众多画面中的穿戴为笼冠高履、褒衣博带（图14、图15）。

冠服制度——帝王官吏的服饰

冠服制度，指的是关于衣冠服饰的礼仪制度，是中国礼乐制度的重要组成部分。在商周时期，随着冕服的产生，冠服制度趋于完善。冠服制度对帝王后妃、达官贵人、黎民百姓、歌舞伎人等的衣冠服饰作出明确规定。魏晋南北朝时期，随着少数民族入主中原，南朝的衣冠礼仪制度也对北方少数民族产生了影响。隋代建立之初，服饰上崇尚朴实简约，多沿袭北朝的服饰制度和样式。隋炀帝即位后，重新制定舆服制度，贵贱分明。由于统治阶层生活腐化，社会风尚发生变化，服饰上崇尚奢华铺张。唐朝建立后，十分注重建立完善冠服制度。唐高祖李渊于武德四年（621年）颁布了服装礼制，对皇帝、皇后、太子、大臣等的服饰作了明确规定。其中有天子服装十四种，群臣服装二十二种。内容基本沿袭隋朝旧制，但比隋代的冠服更为华丽。后世的冠服制度也在唐代冠服制度的基础上不断完善和修改。

北朝时期，敦煌被鲜卑少数民族政权所统治，此时莫高窟壁画上人物的服饰已经受到了南朝衣冠的影响，出现了褒衣博带、笼冠高履

图16 莫高窟第323窟 南壁 隋文帝迎昙延法师入朝 初唐

的服饰。隋代帝王的服饰在敦煌壁画中反映不多，最典型的一例出现在初唐的莫高窟第323窟，其中南壁有一幅佛教史迹画“隋文帝迎昙延法师入朝”（图16），这幅史迹画描绘了隋文帝在都城洛阳迎接名僧昙延、为民祈雨的重要事件。画中隋文帝在众臣的簇拥下，迎接昙延，其中反映的服饰应该是隋代的服饰。隋文帝头戴通天冠，穿着大袖宽袍，脚蹬笏头履。身后的众臣们头戴黑介帻，穿袍服。隋代皇帝专用的通天冠，是一种加有金博山的首服。通天冠是皇帝的礼冠，自汉代制定以后，历代相袭，并有一些改动。到了隋代，在冠上加金博山，并饰以珠翠等。所谓博山就是在礼冠上加的装饰物，以金银镂凿成山形，装饰在冠额正中。

敦煌地处西北边远地区，莫高窟壁画上的供养人服饰也出现了具有西北特色的披袍。这些供养人应是官吏或贵族。披袍是从中亚传入西域，由西域传入中原内地。隋代，粟特人通过丝绸之路把这种样式新颖、质地华贵的披袍带到了敦煌。敦煌的官员、贵族、贵妇倾慕仿效，穿起了披袍。披袍和披风相似，两者的区别是披袍有袖，垂而不用，而披风无袖。披袍应该是用毛织物做成，有圆领和大翻领两种样式，衣领处系结，下部敞开。莫高窟隋代第303窟中心柱东向面台座下层北侧的男供养人外披翻领白色披袍，披袍两袖空垂（图17）。同窟北壁的两身供养人也外披翻领白色披袍（图18），他们可能都是当地的官员或贵族。

敦煌莫高窟隋代时开始绘有维摩诘经变，维摩诘经变是莫高窟历时最长、绘制最多的经变画之一。隋代的维摩诘经变画面以“问疾品”为主要内容：大居士维摩诘在家装病，国王、诸王子、大臣、长者、居士等都去看望。释迦牟尼知道维摩诘是在装病，派诸多菩萨中智慧辩才最佳的文殊菩萨前去问疾。于是文殊与诸菩萨、弟子等前去看望维摩诘。文殊菩萨与维摩诘居士展开激烈辩论。佛教中的维摩诘是一

图17　莫高窟第303窟
中心柱座东向面　男供养人　隋

图18　莫高窟第303窟
北壁　男供养人　隋

位精通儒学和佛法的居士，在壁画中多被刻画成享受富贵生活的官僚和文士。

莫高窟隋代第276窟西壁绘维摩诘经变（图19），北侧画维摩诘的单身立像。维摩诘一手挥麈尾，头戴纶巾，内着曲领中单，上身穿大袖襦，下着裙裳，外披绛色长披袍，两袖空垂，表现的是隋代的官吏或文士的形象。

图19　莫高窟第276窟西壁　维摩诘　隋

唐代完善了隋代的冠服制度。根据《新唐书·舆服志》记载，皇帝服装有大裘冕、衮冕、鷩冕、毳冕、绣冕、玄冕、通天冠、缁布冠、武弁、弁服、黑介帻、白纱帽、平巾帻、白帢共十四种。

皇帝冕服六种，适用于不同礼仪场合。大裘冕是在祭祀天地神灵时穿着的礼服，由无旒冕、黑羊羔裘皮外衣、红色裙裳、白纱中单、蔽膝、革带、大带、佩绶、红色袜子与赤舄（即鞋）等组成。衮冕用于非常隆重的礼仪，一般礼仪则穿衮冕以下的冕服。衮冕为皇帝使用最广泛的礼服。衮冕由冕冠、衮衣构成。冕冠，在冕板的前后各垂下十二条由白珠串成的旒，左右两侧悬挂玉制的充耳，用意是提醒皇帝不轻信谗言，帽身两侧开有小孔，中间用玉簪穿过，使冕冠与发髻固定在一起。衮衣，上衣是黑色宽身大袖，上绣八种花纹，它们是“日、月、星、龙、山、华虫、火、宗彝”；下裳是红色裙裳，上绣“藻、粉米、黼、黻”四种花纹。衣服上面的“十二章”纹都有特殊的含义，象征皇帝的品行。日，通常绘在上衣左肩，与绘在右肩上的月相对，取光明照耀之意；星辰，通常以北斗七星来表示，绘在日、月之下或身背，取光明照临、三光之耀寓意；山，通常绘在上衣，寓意为稳重、镇定；龙，用盘曲之状表示皇帝具有变幻莫测的神异之能；华虫，野鸡图纹，象征皇帝的文章和才华；宗彝，祭器图纹，通常画作一对，器内有二兽，一个是虎，一个形似长尾猴，绘在上衣，表示威猛、智慧、孝顺之意；火，火焰纹，通常绘在上衣，表示光明向上之意；藻，水草图纹，通常绘在下裳，隐义为文采；粉米，米点状花纹，象征皇帝养育人民的任务；黼，斧形纹饰，表示皇帝断是非的决断能力；黻，一种亚字形纹样，表示君臣互济、背恶向善。“十二章”纹样在奴隶社会就基本形成，由于在思想意识上具有巩固统治阶级皇权的功能，一直为历代封建皇帝所传承。

衮冕以下的各种冕服都是在衮冕的基础上逐次降低规格。鷩冕的衣服上只绣“十二章”中的七种花纹，减去了日、月、星、龙和山的纹样，即只有华虫、火、宗彝、藻、粉米、黻、黼；毳冕则只绣5种花纹，在鷩冕的基础上再减去华虫和火两种花纹，即只有宗彝、藻、粉米、黻、黼；绣冕在毳冕的基础上减去宗彝和藻纹，即只有粉米、黻、黼；玄冕再减去两个，只保留黼纹，这四种冕服其余部件和衮冕相似。

冕服繁缛庄重，穿起来十分麻烦，所以只在盛大的典礼上使用，一年就使用几次，其他时间则根据不同场合穿朝服、公服。朝服，又称具服，主要用于官员陪祭、朝飨时使用。五品以上官员朝服由冠、帻、绛色纱衣、白纱中单、白色裙裳、革带、红纱蔽膝、袜、舄组成，腰上还带剑、玉佩、绶带。五品以下官员，朝服基本与上述相同，只是腰上不带剑、玉佩、绶带。公服，又称从省服，主要用于官员日常办理公务时穿着。五品以上官员公服由冠、帻、绛色纱衣、白色裙裳、革带、袜、履组成，腰上佩纷、鞶囊。纷是一种佩巾，用来区别官级，鞶囊是挂在腰间盛放零星细物的小袋。五品以下的官员则不佩纷和鞶囊。

冕服、朝服、公服构成了唐代完整的官服制度，通过服饰把皇帝、各级官吏严格地区分开来。这套服装制度维护了等级分明的封建官僚制度，宣扬了上下有别、尊卑有序的宗法等级思想，符合封建社会的统治需要。

莫高窟唐代壁画中帝王官吏的形象很多，比较集中地反映在维摩诘经变、涅槃经变和供养人画像中。维摩诘经变到了唐代，在隋代的基础上开创了新形式，一般在文殊菩萨的莲花台下画“帝王礼佛图”，画一组前来向维摩诘问疾听法的汉族帝王群臣。在维摩诘居士的方帐下画“各国王子礼佛图”，画一组前来向维摩诘问疾听法的异族番王大臣。维摩诘经变的这种构图形式延续了很长时间，所以为我们留下了许多帝王官吏的形象资料。如莫高窟初唐220窟、初唐335窟、盛唐103窟和盛唐194窟的维摩诘经变中均有帝王图。

莫高窟初唐第220窟东壁的帝王礼佛图中的帝王戴冕旒（图20），内穿曲领白纱中单，外穿黑色宽袖大襦，下穿绛红色裙裳，腰间系宽玉带，腹前系蔽膝，足上着赤舄。衣上日、月、山、川纹样对应“十二章”中的纹饰。这幅帝王图从样式、颜色到纹样都与史籍记载的帝王冕服大致相符。国王被一群文臣簇拥着，这些文臣头戴朝冠，着素色朝服。莫高窟盛唐第194窟南壁帝王礼佛图（图21），整个构图和220窟的基本相同。图中国王头戴冕旒，内穿曲领白纱中单，外穿宽大的

图20　莫高窟第220窟　东壁　帝王礼佛图　初唐

图21　莫高窟第194窟　南壁　帝王礼佛图　盛唐

裙襦，腰间系革带，腹前系龟背团花纹蔽膝。周围的群臣大多都是头戴朝冠，身穿素色朝服。

莫高窟盛唐第445窟北壁弥勒经变中的“剃度图”中有穿公服的官吏形象（图22）。剃度图是弥勒经变情节之一，描绘翅头末城儴佉王、王妃、太子、大臣、宫女等剃度出家。画面中有几位等待剃度的官吏，他们头戴进贤冠，身着绛色纱衣、白色裙裳，脚蹬笏头履。进贤冠从汉代到唐宋一直是文职官员的礼冠。进贤冠底部衬以屋顶形的介帻，在介帻后延伸出上翘的冠耳，在介帻和冠耳之间架梁，形成前高后低的展筒。汉代的展筒呈现出一个突出锐角的斜俎形，晋代展筒为只有两个边的人字形，唐代展筒呈卷棚形。

图22　莫高窟第445窟　北壁　剃度图　盛唐

吐蕃统治敦煌时期，除了吐蕃赞普礼佛图外，表现汉族帝王官吏礼佛的场面集中出现在维摩诘经变中，服饰仍然继承盛唐的礼制。例如莫高窟中唐第237窟维摩诘经变中的“汉族帝王礼佛图”（图23），帝王头戴通天冠，内着白纱中单，上着宽

图23　莫高窟第237窟　东壁　汉族帝王礼佛图　中唐

袖襦，下着裙裳，足蹬笏头履。随后的官员们大多头戴进贤冠或介帻，身穿宽大的袍衫。

张氏归义军时期，张议潮率领敦煌各族人民起义，推翻吐蕃的统治，中原汉族服饰再度风行于西北。张氏归义军时期敦煌与唐王朝联系更为密切，中原地区的政治、经济、文化等很快传到了敦煌。加上农业复兴、经济恢复、丝绸之路畅通，敦煌又恢复了往日的殷富和繁华。敦煌的官民穿上了和中原人民一样精美华丽的服装。敦煌的服饰与中原服饰基本同步，但也有其自身的特点。

这一时期的帝王官吏服饰主要出现在维摩诘经变中的“帝王礼佛图”和弥勒经变中的“剃度图”中，并出现程式化趋向，人物的布局

图24　莫高窟第138窟　东壁　帝王礼佛图　晚唐

图25　莫高窟第12窟　南壁　剃度图　晚唐

和服饰都和前代大致相同。如莫高窟晚唐第138窟东壁维摩诘经变中的“帝王礼佛图”（图24），国王戴冕冠，着冕服，内穿曲领白纱中单，外穿黑色宽袖大襦，下着白色裙裳，腹前系草叶纹蔽膝，系绶带，足蹬笏头履。两侧随行的官员，有的戴介帻，身着宽大的裙襦，手持笏板；有的戴幞头，身着圆领袍衫，手持笏板。莫高窟晚唐第12窟南壁弥勒经变中的“官员剃度图”（图25），官员们在等待剃度，或头戴黑色介帻，身穿宽袖襦裙，或头戴软脚幞头，着圆领袍服。

莫高窟第9窟中心柱西向面有一幅白描画（图26），图中有两个官员，人物形象颇为生动，其中一人抬手遮面，仿佛大风吹来。这两个官员都手持笏板，头戴进贤冠，冠中插簪，内穿白纱中单，外着宽大襦裙，佩绶带，应该是唐代文官形象。

图26　莫高窟第9窟　中心柱　文官　晚唐

张氏归义军时期，敦煌石窟中出现了很多节度使张议潮、张淮深、张承奉的供养像。他们的服饰基本相同，头戴硬脚幞头，身穿红色圆领袍衫。

莫高窟晚唐第156窟甬道南壁西起第一身是张议潮供养像，他手持香炉，头戴幞头，身穿红色圆领宽袖袍，腰束带。第二身是张议潮之侄张淮深的供养像，他手端花盘，头戴幞头，身穿红色圆领宽袖袍，腰束带。随后有三个侍从（图27）。

图27　莫高窟第156窟　甬道南壁　张议潮 / 张淮深供养像　晚唐

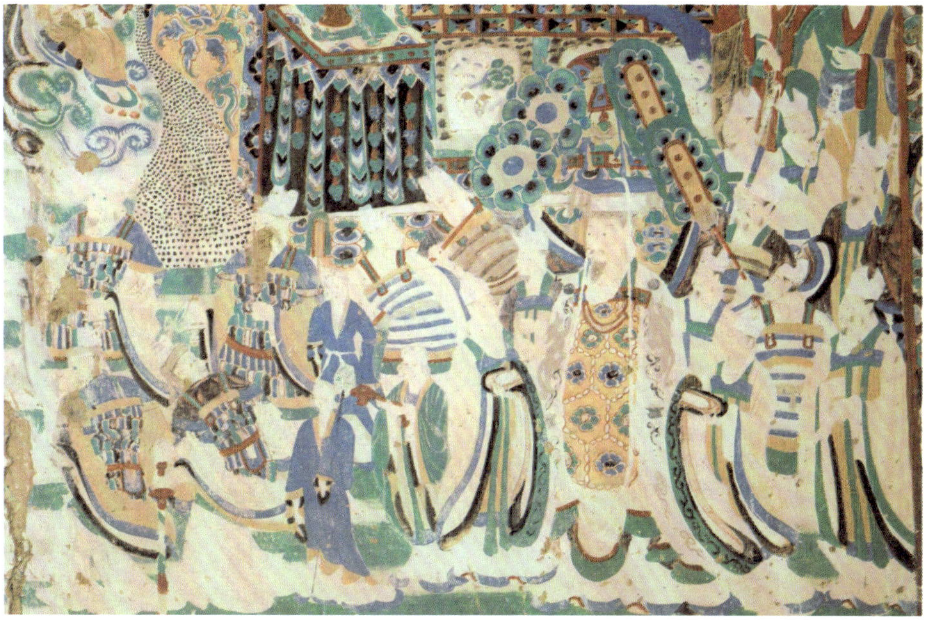

图28　莫高窟第6窟　东壁　帝王礼佛图　五代

曹氏归义军时期的敦煌壁画中也有帝王礼佛图，仍沿袭唐前期形成的形式，但是冕服有简化的趋势。如莫高窟晚唐第6窟东壁门南侧维摩诘经变中有一幅“帝王听法图”（图28），帝王头戴三旒冕冠，内穿曲领白纱中单，身着白色宽袖大襦，袖口有绿色的缘饰，下着白色裙裳，大襦上有日月、云纹、升龙等纹饰，腹前有团花蔽膝，足蹬笏头履。周围簇拥了很多大臣，头戴介帻，身穿宽大的裙襦。

曹氏归义军时期还出现了于阗王供养像。莫高窟第98窟东壁南侧第一身是于阗国王供养像，榜题“大朝大宝于阗国大圣大明天子……即是窟主”（图29）。这是曹氏归义军政权与于阗联姻睦邻政策的真实写照。于阗王右手持花，左手托香炉，神态虔诚，气度不凡。身穿冕服，

图29　莫高窟第98窟　东壁
于阗国王供养像　五代

和汉族帝王的冕服基本相似，布局略有变化。他头戴六旒冕冠，每旒以十几颗绿玉、红珠相间贯串。冠顶有北斗七星、走龙、宝珠等装饰，冠盖下盘龙缠绕，嵌以绿色宝石，与下垂的旒珠相互辉映。与中原传统的冕冠不同，中原传统的冕冠是前后方向的，而于阗王的冕冠是横向的。于阗王身穿冕服，前有蔽膝，衣上绣有多种章纹，肩上是日、月，袖有二升龙，腰佩宝剑。于阗王的衣冠服饰上也保留了本民族的特点。于阗王头后垂有红色绢带，与史载“头后垂二尺绢，广五寸以为饰”相符。于阗盛产美玉，因此国王的冕旒上饰满美玉，而且双手上戴着玉石戒指，突出表现了其地域特色。

这时期的供养人画像中有很多曹议金、曹元忠等节度使画像。这些节度使的服饰基本为头戴展脚幞头，身着红色圆领宽袖袍衫，腰束革带，足蹬靴。如莫高窟五代第98窟的曹氏家族供养人像（图30），榆林窟第16窟曹议金的供养像（图31）。

图30　莫高窟第98窟　甬道南壁　曹议金 / 曹元德父子供养像　五代

图31　榆林窟第16窟　甬道南壁　曹议金供养像　五代

幞头——『乌纱帽』的前身

幞头是在汉代幅巾的基础上，经过历代不断发展演变而来，自南北朝晚期出现一直流行到清朝初年。汉代幅巾原本为四方形，包住发髻，于脑后缚结。幞头是在幅巾的基础上进行了改进，在方帕上裁出四脚，并将四脚接成长带，包裹头发时巾帕覆盖在头顶上，后面两脚由后朝前，自下而上，围绕头顶，在额头系结。前面两脚包过前额，绕到脑后结带下垂。和原先的四方形幅巾相比，这种裁有四脚的幞头系结起来更加方便，且不易散开，不久便流行于民间。

图32　莫高窟第281窟　西壁
男供养人　隋

莫高窟隋代第281窟西壁南侧下层露出隋代男供养人二身（图32），一主一仆。主人头裹幞头，身穿圆领窄袖大褶衣，腰系革带，上挂蹀躞带，足蹬长筒黑靴，手捧香炉，做供养状。身后的仆从服饰与主人基本相同。供养主人及仆从所扎幞头，二带系脑后垂之，二带反系头上，带脚垂于额前，已是比较完善的幞头形制。

幞头在唐代非常盛行，无论尊卑，都可以使用。唐代的幞头两脚后垂，垂脚或窄而长，或短而圆，形式不一。此时的幞头形制有很大变化，幞头的里面加了一个木制的衬垫物，使用时扣覆在髻上，再用巾帕系裹，这样可以使裹出的幞头在外观上显得硬挺一些。这种木制衬垫物被称为“巾”或“巾子”，一般用桐木制成。因为桐木木质松软，便于加工，而且不易裂开，常被用来削制木器。桐木质地轻巧，戴在头上也不是很重。有时裹在外面的巾帕由于质地的原因，容易将里面的巾子透出，所以常常需要将木料表面漆成黑色。除了木料，用来衬垫幞头的巾子还有用竹篾、藤皮等材料编织而成的。巾子的形状不同，就决定了幞头造型不同。

唐前期幞头的样式很多，经历了很多变化，这种变化就主要集中在巾子上。主要有平头小样、武家诸王样、英王踣样、官样。平头小样始于武德初年，此时巾子新创不久，形状比较简单，一般多做成扁平的形状。武家诸王样又称“武家样”“武氏内样”“武家高巾子”。据说是武则天改制时创制。这种幞头巾子明显变高，顶部出现了分瓣，中间凹陷。英王踣样是唐中宗李显时创制。这种幞头的巾子比武家诸王样更高，左右分瓣，形成两个球体，并且明显前倾。官样，又称“官样圆头巾子”，出现在唐玄宗时。这种巾子比英王踣样更高，圆球状更加突出，但无前倾。幞头多用黑色丝织物制成，常用的材料有缯、绢、纱、罗等，棉、麻织物较少。尽管这些幞头的形制不同，但都是临时系裹而成的。在唐代这种幞头被统称为“软裹”，晚唐以后则向“硬裹”发展。

唐前期，敦煌莫高窟壁画中着幞头、袍衫、革带、乌靴的男子形象很多。如莫高窟盛唐第130窟甬道北壁有一幅巨幅男供养人像（图33），即有名的都督乐庭瓌供养像。第一身站在华盖下的便是乐庭瓌，他头戴软角幞头，两个幞角长而窄，垂在肩上，身穿绿色宽袖襕袍。其身后男供养人，也是头戴软角幞头，身穿襕袍。莫高窟盛唐第217窟东壁北侧（图34），观音经变中的男子形象，也是头戴幞头，身穿圆领

图33　莫高窟第130窟　甬道北壁　都督乐廷瓌供养像　盛唐

图34　莫高窟第217窟
东壁北侧　观音经变局部　盛唐

图35　莫高窟第45窟　南壁　现天大将军身　盛唐

窄袖开衩长衫，足蹬靴。

莫高窟盛唐第45窟南壁有一幅规模宏大的观音经变。观音经变讲的是观音菩萨救苦救难的故事，其中有观音救济诸难和三十三说法化身像。这幅经变画中的男子基本上都是头戴软脚幞头，着袍衫、革带、乌靴（图35）。莫高窟盛唐第103窟南壁法华经变中的“起塔供经”中一群男子在塔前诵读叩拜，他们都着软脚幞头、袍衫、革带、乌靴（图36）。

吐蕃统治敦煌时期，敦煌壁画中的男子服饰基本上沿袭前期的形制，没有大的创新。一般男子仍然是戴软脚幞头，穿圆领袍衫，腰束革带，足蹬长靿靴。如榆林窟第25窟北壁弥勒经变中的“剃度

图36　莫高窟第103窟　南壁　起塔供经　盛唐

图”，图中身穿红衣的男子，背朝观众，头戴软脚幞头，幞头垂脚窄而长（图37）。

张氏归义军时期，敦煌石窟中出现了很多张议潮、张淮深、张承

图37　榆林窟第25窟　北壁　等待剃度的男子　中唐

奉的供养像（见图27）。与前代相比，人物着装最大的变化是幞头由唐前期以来的软脚幞头发展为硬脚幞头。这种幞头两脚比较宽阔，翘于两侧，已有平直的趋向。这时幞头的形制有了较大变化，先用木料、铁丝等材料做成头形，在其上包裹巾帕，需要时直接往头上一套，不需要临时系裹，使用非常方便。这种幞头被称为“硬裹”。之后幞头的两脚也进行了改进，以铁丝、竹条等材料为架，制成硬角，外蒙漆纱，这样幞头的两角就呈现上翘之势。

曹氏归义军时期的供养人画像中有很多曹议金、曹元忠等节度使画像，他们的服饰基本相同（见图30、图31）。与前代相比，最大的变化是幞头由硬脚幞头发展为展脚幞头，这种幞头两脚平直伸出。此时的幞头在晚唐硬裹幞头的基础上进一步改进。晚唐的硬裹幞头要用木料做内胎，外蒙巾帕，使用时一并戴在头上。这时人们开始直接用一种比较坚固的漆纱做幞头，无需再用内胎。幞头的两角用铁丝、竹条等材料为架，制成硬脚，外蒙漆纱，插在幞头后，向左右平伸。这种展脚幞头逐渐演变为后世的乌纱帽。

短襦裙帔
——古代女子常服

上衣下裳是人类服装的基本形制。古代把短衣称作襦。襦有单、夹之分。古代的“裙”字，与“群”相通，群就是多的意思。早期布帛幅面狭窄，一条裙子通常由多幅布帛拼合而成，故称之为“群”。裙子是一块布由前向后合围成桶形。裥裙是裙幅上折若干细裥（褶）的裙子。裙有单色的，也有多色的。以两种以上颜色的布条间隔相拼而成的裙子，色彩交错，相互映衬，鲜艳华丽，被称为“间裙”或“间色裙”。

汉魏时期，人们上身穿短襦，下身配以长裙，形成“上襦下裙”的趋势。此时的短襦，多大襟，衣襟右掩，袖子有宽有窄。魏晋南北朝时，短襦因受鲜卑胡服褶衣的影响而发生变化。除交领、大襟之外，更多采用圆领、对襟，衣袖有宽有窄。此时汉族女性最流行的装束就是短襦搭配间色长裙。北魏孝文帝改制后，鲜卑族贵族妇女也穿起了襦裙，襦袖有宽有窄，短襦有穿在裙子外面的，也有束在裙子里面的。有时也在褶衣下配间色长裙，如莫高窟西魏第285窟有大量女供养人（图38），上穿窄袖对襟短襦，下穿红白相间或黑白相间的间色裙，短

图38　莫高窟第285窟　北壁　贵妇服饰　西魏

襦束在裙内，绅带束腰，余带飘垂。

莫高窟西魏第288窟东壁有几身女供养人（图39）。身材高大的是供养主人，上着白色大袖对襟短襦，下穿黑绿相间的间色长裙，短襦束在裙内。她的身后有三身侍从，服饰基本相同。不同之处是，其中一身穿窄袖短襦，有围腰；另有一身穿窄袖短襦，褶衣穿在裙子外面。

图39　莫高窟第288窟　东壁　女供养人　西魏

隋代供养人画中多为贵族妇女和侍女，劳动妇女的形象比较少。隋代妇女以面容清瘦，身材修长为美，无论贵族妇女、侍女，上身多穿窄袖或阔袖短襦，下着高腰长裙，裙腰以带束于胸下，束带前垂过膝，外披长帔。同贵族官员一样，西北地区的贵妇也常在长裙外面加上一件披袍。敦煌壁画中披袍有圆领和翻领两种，在领部系结。披袍的穿着方式也有两种，内着窄袖裙襦者，则把披袍穿在身上；内着长裙广袖者，则把披袍披在身上。

隋代妇女服饰的这些特点，都可以从敦煌壁画中看到。如莫高窟隋第62窟东壁北侧存隋代女供养人像，皆头梳平髻，身穿圆领窄袖短衫，外系彩色裥褶长裙，裙腰高至胸上（图40）。莫高窟隋第305窟中心塔柱下层有数身女供养人像，多为一主一仆。女供养主人，头梳云

图40　莫高窟第62窟　东壁北侧下部　女供养人　隋

图41 莫高窟第305窟
中心柱 女供养人 隋

图42 莫高窟第390窟 南壁
女供养人临摹图 隋 潘絜兹绘

形平髻，身穿交领大袖襦，下系长裙，裙裾曳地数尺。大袖从腹部掩至膝部，裙裾宽大，前垂长带，肩披长帔。胸前有围腰，其作用既可使长裙增加美感，又可束紧上襦与下裙。这是隋代贵族妇女的礼服。身后侍女身穿窄袖短襦，下系长裙，肩披长帔（图41）。莫高窟隋第390窟南壁女供养人，其中一身头梳平髻，内着大袖衣，下系曳地长裙，外披翻领披袍，空袖下垂；另一身头梳平髻，内着窄袖衣，下系及胸长裙，外穿翻领披袍。图中两身供养主人所披的翻领长袖披袍是西域胡服的一种样式（图42）。

唐代前期是中国封建社会鼎盛时期，经济繁荣，对外交流频繁，妇女表现出前所未有的开放意识。这个时期唐代妇女的服装在传承本民族服饰传统的基础上，汲取了少数民族以及外国服饰文化的精华，造型华美，异彩纷呈，追求健康的外形美，充满蓬勃向上的时代气息。唐前期女子的服装主要有三类，一是襦裙装，二是胡服，三是女着男装。

襦裙装为上着短襦或衫，下着高腰长裙，加披帛。初唐衣裙流行紧身窄小款式，还保留着隋代女装的风格。这种服装既能显露人体结构的曲线美，又能表现一种华贵潇洒的优美风度。这时的短襦或衫有圆领、交领、翻领，甚至还出现了袒胸的款式，领口开得很大，裙腰之上胸脯半露，充分显示了女子的形体之美。这种开放大胆的女装在整个封建社会都是独特的，这与当时社会风气的开放程度密切相关。下裙大多曳地，并以多幅长裙为主。这种多幅长裙又分单色、多色两种。用单色裙料制作的多幅长裙里，红色长裙最为盛行。“肉红衫子石榴裙”是唐代女子最喜尚的单色衣裙。在裙、衫之外，妇女们还在肩上披帔帛。帔帛一般用轻纱制成，上面印各种图纹。一般有两种形制，一种横幅较宽，长度较短，使用时披在肩上，形似披风；另一种横幅较窄，长度则达两米以上，使用时缠绕于双臂，行路时随风飘曳。

唐代女子还流行半臂，它是一种袖口仅到上臂的对襟上衣，长及腰际，一般套在长袖衫的外面，也可穿在长袖衫里面。半臂在唐初为宫廷侍女穿用，这样便于劳作，后渐渐流行于民间，男女都可以穿着，成为一种常服。半臂的流行是因为当时女装上身窄小，便于套穿，而且用织锦制成的半臂套在长袖衫上还能起到装饰的作用。到了唐朝后期，流行宽松博大的女装，此时在宽大的长袖衫上套半臂就不太协调了，而且穿起来也不太方便，半臂的穿着便慢慢地变少了。

初唐贵族妇女装束还接近隋代。莫高窟第381窟西龛外壁画上的贵妇（图43）身着交领窄袖上襦，披帔帛，人物纤柔修长，下着间色长裙。莫高窟第329窟东壁南侧说法图中的一位女供养人席地而坐，穿袒胸圆

图43　莫高窟第381窟　北壁　贵妇服饰　初唐

图44　莫高窟第329窟　东壁　女供养人　初唐

图45　莫高窟第130窟　甬道南壁　都督夫人礼佛图　盛唐

领窄袖上襦，系长裙，持花供养（图44）。

到了盛唐以后，女装向宽松肥大发展。这种女子形象在《簪花仕女图》《虢国夫人游春图》与《捣练图》中多有表现。图中妇女头梳高髻，面型圆满，体态丰腴，袒胸，衣袖宽大，真实地反映了盛唐妇女服饰的特点及当时人们的审美时尚。

莫高窟盛唐第130窟绘有天宝年间的乐庭瓌全家供养像，甬道北壁是乐庭瓌供养像，甬道南壁是都督夫人太原王氏（乐庭瓌夫人）供养像（图45）。南壁画面中都督夫人走在前列，画像巨大，身超真人，两鬓抱面，头饰鲜花、宝钿，身穿碧衫红裙，肩披绛色帔帛，脚蹬笏头履，手持巾。其后两个身量略低者是都督夫人的女儿，遍体罗绮，衫裙帔帛，满头珠翠，面饰花钿，小头鞋履，一副豪门贵族小姐姿态。榜题墨书“女十一娘供养”和“女十三娘供养”。两女儿身后是九身奴婢画像，服饰多着男装。这幅供养人礼佛图造型真实，富于生活气息，无论是主人还是奴婢，都是曲眉丰颊、丰肌腴体。这幅供养人画像中的三位女主人身穿的衣裙都非常肥大，和初唐流行的紧身窄衣完全不同。

吐蕃统治敦煌时期，敦煌壁画中的妇女服饰基本沿袭前代的形制，但是由于经济衰退，风气闭塞，妇女的服饰已失去唐前期生机勃勃、富丽堂皇的气魄。莫高窟中唐第321窟东壁门上有一铺供养人像（图46）。左面是女供养人，头梳高髻，上身穿红色宽袖襦，肩披披帛，下着蓝色长裙。身后的侍女梳双垂髻，着红色缺胯衫，一幅女着男装的

图46　莫高窟第321窟　东壁门上　供养人　中唐

打扮。

莫高窟第468窟西壁龛下画有四身女供养人（图47），其中两个身材高大者是贵族妇女，她们一人头梳高髻，一人头梳椎髻，身穿宽大的裙襦，肩披帔帛。两个侍女头梳双丫髻，身穿圆领缺胯袍，袍下穿小口裤，足蹬皮靴。两个贵妇和那个穿绿色袍服的侍女眉心有红色的花钿。

张氏归义军时期，随着和中原王朝恢复联系，敦煌地区经济有了大的发展，中原追求服饰奢华之风也蔓延到敦煌地区，这在妇女服饰中表现得更为突出。这一时期的妇女妆容从服装样式、纹样到发式都

图47　莫高窟第468窟　西壁龛下　女供养人　中唐

图48　莫高窟第9窟　东壁　女供养人及侍女　晚唐

图49　莫高窟第9窟
东壁　贵族少女　晚唐

非常丰富，显得雍容华贵、光彩照人。女装以襦裙装为主，衣裙比前代更加宽大，遍身绫罗绸缎，花团锦簇，头上广插簪钗梳篦。

莫高窟晚唐第9窟女供养人服饰华贵精致（图48）。供养人眉间贴花钿，颈上戴多层项链，两颊涂胭脂，头梳高髻，发髻上插满精致的金银珠宝镶嵌的花钗，上身穿宽袖衫，肩披帔帛，下着高腰曳地裙，足穿笏头履。衣裙、帔帛上布满各种小碎花和鸟纹纹饰。这应该就是史载中的花钗礼服，是唐代贵族妇女的礼服，一派雍容华贵的气度，反映了晚唐妇女服饰的奢华之风。图中还有一位身材较小的女子（图49），且有题记，由此推断她并不是侍女，而是女眷中辈分较小的女子，她头梳双丫髻，身穿襦裙，覆帔帛，服装纹样比较简单，这是典型的贵族少女形象。

图50　莫高窟第98窟　东壁　女供养人（范文藻摹）五代

曹氏归义军时期，莫高窟五代第98窟东壁有一组女供养人像（图50），是曹议金家族的女眷。前四位皆穿阔袖襦衫，下着曳地长裙，肩披帔帛，服饰上的花纹极为华丽。这是五代贵族妇女的盛装。

图51　榆林窟第19窟　甬道北壁　凉国夫人供养像　五代

榆林窟五代第19窟绘归义军节度使曹元忠的夫人凉国夫人供养像，即曹元忠之妻翟氏（图51），其首服为桃形凤冠，搭配梳篦、钿钗、簪、步摇和花钿。此类凤冠应是受到回鹘桃形冠的影响。翟氏上身着襦，外披大袖衫，束高腰裙，襦领缘为半破式团花纹，披散花纹帔帛。

莫高窟第61窟东壁、北壁、南壁，有曹议金家族女眷供养像行列，这是敦煌石窟中数量最多、规模最宏大的女供养人画像行列（图52）。

图52　莫高窟第61窟　东壁　女供养人　五代

这些贵族妇女按辈分大小和在家族中的地位排列。供养像大体相同，服饰基本相同。这些贵夫人头梳高发髻，戴桃形冠，上插花钗、小梳、步摇，鬓发包面，两颊红脂晕染，额上、眉间、面部贴花钿，项饰瑟瑟珠，身穿大袖裙襦，肩臂披绕长条团花画帔，双手捧花盘，虔诚礼佛。

华袿飞髾——极具特色的女子服饰风尚

袿衣最早出现在汉代。《释名》曰：“妇人上服曰袿，其下垂者上广下狭如刀圭也。”衣服下垂的“刀圭”状部分被称为“髾”，是服饰下摆垂下的一种尖如刀子的装饰；衣服上的飘带被称为“襳”。魏晋南北朝时，袿衣在贵族妇女中非常盛行。此时袿衣的主要特点是在衣衫的下摆部位裁成数个长条三角形，上宽下尖，层层相叠。另在周围缀以飘带，作为装饰。此种袿衣由于飘带拖得较长，走起路来，牵动着下摆的尖角，如燕子飞舞，故有“华带飞髾”的形容。到南北朝时，这种襳髾假饰去掉了长可曳地的飘带，而将尖角的燕尾加长，两者合成一体。

图53　莫高窟第285窟　北壁
女供养人　西魏

敦煌壁画中也出现了袿衣。莫高窟西魏第285窟北壁女供养人（图53），头梳惊鹄髻，身着袿衣，有襳

图54　顾恺之《列女传图》　晋

图55　顾恺之《女史箴图》　晋

髾假饰，其形状上宽下窄，如燕尾形，层层饰于衣裙两侧，行走起来，华袿飞扬，飘飘若仙。据敦煌研究院专家推断此身穿袿衣的女供养人可能是东阳王元荣的夫人。因为袿衣为“上服”，只有朝廷命妇才能穿着。晋代顾恺之《列女传图》《女史箴图》中的贵妇衣摆也有燕尾状的襳髾（图54、图55）。

图56　莫高窟第45窟　南壁　现大自在天身　盛唐

华袿飞髾的女子服饰风尚一直流行到唐朝。莫高窟盛唐第45窟南壁观音经变图中，观音菩萨现三十三化身向人们说法，所化现的大自在天、自在天、帝释天三位天神头梳双髻，上身穿着大袖袍，下身穿着拖地长裙，上衣衣摆两侧有垂飘的燕尾状襳髾（图56）。

莫高窟唐代绘制的大型维摩诘经变中，在维摩诘居士帐前都绘有一天女。天女都穿着华带飞髾的袿衣。这种袿衣亦是唐代画师对魏晋南北朝贵族妇女服饰的摹绘。如莫高窟第334窟的天女持麈尾，梳高髻，插花钗，着红色大袖襦裙，前系蔽膝，蔽膝缘边有飞纤垂髾，天衣飞扬，飘飘欲仙（图57）。莫高窟第103窟的天女蔽膝缘边明显有燕尾状的纤髾（图58）。

图57　莫高窟第334窟
西壁龛内　天女　初唐

图58　莫高窟第103窟
东壁　天女　盛唐

女着男装
——社会风气开放的昭示

女着男装是隋末至初、盛唐时期流行的一种习俗，且不分贵贱，贵妇仕女能穿，奴婢侍从亦能穿。这种习俗深受当时西北少数民族和波斯等外国民族的影响。因为这些民族中有衣冠男女不分的习俗。在唐代以前，男性和女性服装是有着严格要求的，到了唐代，由于社会风气开放，妇女受教育的机会较多，知识水平较以往有显著提高，外出活动也增多，如节庆出游、登高踏青、观灯赏花、骑马、打球等，在服装上又出现了一个新的特色，即女着男装。

女着男装，就是头戴幞头，或不戴幞头，身穿圆领或折领的窄袖袍衫，下穿小口裤，足着六合靴或软线靴。妇女着这种男装，不仅英姿飒爽，有阳刚之气，而且行动利落，方便做事。此种风气在初、盛唐时的宫中很流行。《新唐书·五行志》载："高宗尝内宴，太平公主着紫衫、玉带、皂罗折上巾，具纷砺七事，歌舞于帝前。帝与武后笑曰：'女子不可为武官，何为此装束？'"此文中"皂罗折上巾"即是"幞头"，"纷砺七事"即"蹀躞七事"。

图59　莫高窟第375窟　南壁　女供养人　初唐

敦煌石窟唐前期供养人画像中有很多女着男装的形象。如莫高窟第375窟南壁下部有一列女供养人（图59），各由一身女主人和两身侍女组成一组。其中女主人和一侍女着襦裙装，另一侍女穿男装，即身穿圆领窄袖袍，下着小口裤，足蹬靴。莫高窟盛唐第130窟《都督夫人王氏礼佛图》中有九个侍女，大多是女着男装（见图45）。

妆饰云鬓
——古代女子的妆造发型

女人束发挽髻是汉民族古老的习俗。发髻形式变化多样，并且其上可插戴金钗、银簪、步摇、花钿。北朝时期，敦煌被鲜卑族所统治。鲜卑族妇女原不束发挽髻，而是辫发为饰。汉末魏晋时期，当鲜卑族入主中原，建立北魏政权之后，受汉族妇女束发挽髻的影响，逐渐抛弃辫发缀珠的习俗。尤其是北魏孝文帝改制以后，鲜卑贵族妇女习得中原南朝妇女的高髻，以显示其高贵的地位。这一时期鲜卑妇女的发髻造型多种多样，变化多端。莫高窟壁画中出现的女子发髻主要有大手髻、丫髻、惊鹄髻、望仙髻。

大手髻，亦叫“大首髻”或“大首结”。其梳挽方法有两种，一种是用丝绦先将自己的头发束缚，然后在头顶盘成圆球状，再用簪钗固定；另一种是用他人的头发先做发络，然后续在自己的头发中，在头顶盘成圆珠形高髻，上面再以簪钗固定。梳挽大手髻的人，大多为宫廷的皇后、嫔妃、公主、侍女和朝廷命妇。从文史资料和出土文物等来看，这种高发髻，自秦汉以后，历代盛行，尤其流行于魏晋南北朝时期，延续于隋、唐、宋、明各朝。

丫髻，亦名“双丫髻”“双角髻”“双童髻”。顾名思义，这种髻式是因将头发在头顶两边各梳挽一个小髻而得名。这种发髻多为侍婢、童仆、十岁左右的贫家女孩或尚未出嫁的青年女子梳扎。这也是人们把少女和晚辈的青年女子叫作“丫头”的原因。这是一种古老的发髻，在商代出土的玉雕人像和青铜器人像中已可见到。后经历代沿习，其梳扎形式也有各种不同的变化，有的大，有的小，有的梳在头顶，也有的梳扎在头部两侧。这在敦煌石窟壁画和历代出土的陶、木俑中均可找到例证。

惊鹄髻，是一种高髻。梳挽的方法有两种，一种是将头发在头顶盘髻，然后分为两股，左右梳成两片羽翅；一种是将头发在头顶盘成两小髻，然后在每个小髻上梳出羽翅。羽翅形的髻发在走动时晃动，像似鹄鸟受惊，展翅欲飞，故名惊鹄髻。据传这种发髻在汉末三国时就有了。马缟《中华古今注》说：“魏宫人好画长眉，（文帝）令作蛾眉惊鹄髻。”后来传至民间，尤为一般贵族妇女所喜尚。历经两晋南北朝，直到隋唐时期，长安城中还在流行。隋唐墓室壁画和这一时期的石窟壁画中多见梳挽此种发髻的贵妇人和侍女形象。凡梳挽惊鹄髻者，多身穿折领或大领窄袖袍衫，下着长裙，足蹬皮靴，有的身着袴褶，腰系蹀躞带。

望仙髻，亦是一种高发髻，又名“双环望仙髻”。梳挽的方法是先将头发分成两股，然后用丝绦束缚成环状，高耸于头顶之上，有“瞻然望仙人之状”，故名双环望仙髻。据唐段成式《髻鬟品》中说，唐玄宗时，宫中盛行双环望仙髻和回鹘髻。唐永泰公主墓壁画之侍女形象中就有梳挽望仙髻的，可见初唐已盛行这种发髻。其实这种发髻早在南北朝时期就已流行。在麦积山石窟、敦煌石窟北朝时期壁画中，梳挽这种发髻的形象很丰富，不仅供养人，许多乐伎、飞天也梳挽这种发髻。

上述四种发髻在敦煌莫高窟北朝时期壁画中都有其艺术形象。例如：

莫高窟第285窟中的东阳王妃梳的就是惊鹄髻，王妃的头发在头顶盘成两小髻，每小髻上梳成一片羽翅（见图53）。再看第285窟的一列女供养人，前三身梳圆形高髻，后三身梳双丫髻（见图38）。

莫高窟西魏第288窟东壁绘有女供养人及侍从，女供养人身形高大，身穿大袖襦，下着间色长裙，头挽圆形大髻。身后打团扇的女侍从身穿曲领大袖襦，下着间色长裙，头挽惊鹄髻。女供养人前面和身后各有一小婢女，身穿曲领窄袖衫，下着间色长裙，头挽双丫髻。这四身女供养人及侍从挽三种发髻（见图39）。

佛、神的服饰和发髻形象来自人间。上述四种发髻，不仅表现在供养人画像中，也表现在石窟宗教人物——化生童子、天宫伎乐、飞天等形象中。

莫高窟北朝时期的化生童子多挽双丫髻。如西魏第285窟西壁龛楣中的化生乐伎童子，手持各种乐器演奏，皆梳扎双丫髻（图60）。莫高窟北朝时期的飞天乐伎多挽惊鹄髻。如西魏第285窟南壁上层飞天乐伎，头挽惊鹄髻，手持各种乐器或散花（图61）。双环望仙髻是多见于道教仙女、仙童的一种发髻。受道教的影响，佛教飞天也多挽双环望仙髻，从北朝到隋唐，历代不绝。如北周第290窟中的飞天，头挽双环望仙髻，身上华带飞扬（图62）。

图60　莫高窟第285窟　西壁
吹笛化生童子乐伎　西魏

图61　莫高窟第285窟　南壁
飞天乐伎　西魏

图62　莫高窟第290窟　窟顶　托花盘飞天（线描）　北周

图63　莫高窟第431窟　南壁　妇女　初唐

隋唐妇女很注重头饰，发髻名目繁多。隋代发髻多为平髻。初唐整体发髻相较隋代呈高耸的特色。高髻发式虽然高度不一，形制各异，但都是在头顶、头侧高耸，显得脖颈修长，干净利落，朝气勃勃。而且发髻上很少插首饰，比较朴素。从敦煌壁画来看，初唐很多女供养人梳椎髻。椎髻是将头发梳到头顶，挽成一个状如椎子的发髻。莫高窟第329、331等初唐窟的女供养人均作椎髻；还有莫高窟第431窟，也有梳椎髻的妇女（图63）。同时还流行一种半翻髻，发髻高耸如翼而向一边倾斜。莫高窟第209窟西壁故事画中的女子就梳这种发髻（图64）。还有螺髻，将头发梳到头顶，挽成状如螺壳的发髻。螺髻有双螺髻和单螺髻之分。一般未婚女子梳双螺髻，出嫁后则梳单螺髻。莫高窟第431窟的女供养人梳单螺髻（图65）。

图64　莫高窟第209窟　西壁
妇女头饰　初唐

图65　莫高窟第431窟　南壁
女供养人　初唐

到了盛唐之时，妇女的发髻更加丰富，从敦煌壁画来看，盛唐妇女除了保留隋、初唐的一些发式，还流行蛾髻、双垂髻、惊鹄髻等等。峨髻是一种高耸而形似陡峭山峰的发髻。莫高窟第130窟都督夫人礼佛图中，都督夫人和她的大女儿都梳峨髻，髻上插花钿和角梳（见图45）。惊鹄髻也是一种高髻，莫高窟第217窟壁画十六观中的韦提希夫人就头梳惊鹄髻（图66）。双垂髻是将头发从正中分成两股，左右各一，每股弯折成棒体，中间有绳带系住，垂于两鬓。这种发型一般用于侍女或未婚女子。如莫高窟第130窟都督礼佛图中，九个侍女中就有四个梳这种发型（见图45）。随着盛唐妇女发髻日趋丰富，妇女的首饰也更加丰富起来。盛唐妇女在发髻上广插簪、钗、步摇、钿、梳子、鲜花等饰物，更加增添女子温柔娇媚、雍容华贵的气质。

唐代妇女特别重视化妆，化妆的方法非常多，主要有红粉妆、唇妆、眉妆、面靥、花钿等。

红粉妆就是用胭脂涂染面颊。胭脂也称“焉支”“燕支”，它是一种红色的颜料，是妇女妆饰面容的主要用品。红粉妆因脂粉涂抹方法的不同，其效果也不同，对应有不同名称。在两颊涂浓厚的胭脂，称为“酒晕妆”“晕红妆”或“醉妆”。比酒晕妆的红色稍浅一些的面妆，妆色艳如桃花，故名“桃花妆”。比桃花妆更淡雅的红妆是“飞霞妆”，这种面妆是先施浅朱，然后用粉覆盖，有白里透红之感，色彩自然。还有将铅粉和胭脂调和在一起，使之变成檀红色，即粉红色，然后直接涂抹于面颊，这种红妆称“檀晕妆”，因为在敷面前已经调和成一种颜色，所以色彩比较统一，整个面部的敷色程度也比较均匀，给人以庄重、文静的感觉。

图66　莫高窟第217窟　北壁东侧　十六观局部　初唐

敦煌壁画上的妇女形象很多都施红粉妆，如莫高窟第329窟东壁南侧说法图中的女供养人，第322窟和第57窟中的菩萨，第217窟西龛说法图中的妇女，第148窟北壁龛顶西披的菩萨，第321窟西壁龛顶南侧的飞天，第71窟北壁的思维菩萨等。只是由于年代久远，大多已褪色，难以辨认原貌，所以不能具体说明是哪种红粉妆。

唇妆，就是将唇脂涂抹在嘴唇。饰唇的历史源远流长，早在先秦时期，中国就出现了崇尚妇女嘴唇美的现象。随着社会风气的变迁和审美情趣的演变，妇女唇饰也发生了一系列变化。据史料记载，唐代唇妆有多种，单名称就有胭脂晕品、石榴娇、大红春、小红春、嫩吴香、半边娇、万金红、圣檀心、露珠儿、内家圆、天宫巧、洛儿殷、淡红心、猩猩晕、小朱龙、格双唐、媚花奴等。这些唇妆的形制大多不详，但从这么多名称来看，唐代的唇妆非常丰富，别具一格。总的来说，唐代唇饰以小、艳为尚。

初唐妇女面部的化妆，在口型上比较注重唇形的曲线表露。如莫高窟第329窟主室东壁门南说法图中跪在佛陀脚下的女供养人，面颊饱满，五官均匀，嘴唇红润浓艳。再如第321窟中的拈花菩萨，面貌丰圆，口唇圆润，展示了敦煌初唐女性的健康之美。

盛唐，妇女的唇饰更加突出表现丰润饱满。如第130窟天宝年间都督夫人供养像中的都督夫人、两女及九身侍女，口唇都很红润。另外法华经变、东方药师经变、劳度叉斗圣变中的妇女和第445窟弥勒变中的宫女，第172、320、317窟中的天女，第45窟中的菩萨塑像和第217窟壁画中的菩萨等，都表现了妇女饰红唇的实例，口小而圆润，唇色鲜红。

眉最能表现女性面部的美感，眉形的好坏直接影响到女性的形象美。古代妇女就已经非常注重自己的眉妆了。历代眉式，除个别特殊的样式外，一般变化主要集中在长短、粗细、曲直和浓淡等方面。唐代出现了多种造型各异的眉型。有柳叶眉，一般多画成柳叶状，中间宽阔，两头尖细；月眉，一种比柳叶眉略宽，比长眉略短的眉式，更为弯曲，如一轮新月，故又名“却月眉”；阔眉，长、阔、浓的眉型，十分醒目。阔眉于初唐渐露初兆，逐渐成为唐代女子的主要眉式，持续至开元盛世。阔眉在具体描法上也有很多种，有的双眉靠拢，中间只留一道窄缝；有的一头尖锐，一头分梢；有的眉梢上翘；有的眉端下垂。盛唐时期，又流行长、细、淡的眉型，名称有蛾眉、远山眉、青黛眉等。

在敦煌唐前期供养人像，经变画、彩塑菩萨中，妇女眉型的表现形式有多种，有长而细的眉型，也有短而阔的眉型。如莫高窟第130窟都督夫人礼佛图中的都督夫人、两位小姐及侍女全部是一种短而宽的眉型，这应该是“桂叶眉”。这一时期的菩萨彩塑的眉型多是比较细长的。

花钿是一种额眉间的妆饰，很有特色。花钿的样式丰富多彩，繁简不一。最简单的花钿样式只是一个小小圆点；复杂一点的花钿，是以金箔片、黑光纸、鱼鳃骨及云母片等材料剪制成各种花朵形状，然后用一种特别的胶粘上去的。

面靥是施于面颊酒窝处的一种妆饰。面靥通常以胭脂点染，也有用金箔、翠羽等物粘贴的。在盛唐以前，妇女面靥一般多做成黄豆般大小的圆点；盛唐以后，妇女面靥妆饰之风愈益繁缛，除了施以圆点，还有各种花卉形、鸟兽图形等。

花钿和面靥都是富有特色的面饰，是很相似的化妆手段，在渐渐被妇女广泛使用后，这两者就没有太大差别了。唐前期敦煌壁画中妇女使用花钿、面靥的形象还不是很多。莫高窟第220窟维摩诘经变中的天女，额间贴云头花钿，即唐人诗文中所谓“眉间翠钿深”。敦煌盛唐第130窟都督夫人太原王氏礼佛图中的女十一娘，嘴唇两边各贴红色小花形状的面靥。

在中晚唐以后，施花钿、面靥已经成为中原等地妇女相当普遍的装饰风俗。当时敦煌地区也很流行此装饰。还有一个特色是头上流行插梳子，大多数女供养人头上都插满梳子，梳子多用象牙、玉石制成。还有一大变化就是项饰日趋丰富，从前期简单的串珠，发展到四五重，挂满了整个脖子。颈饰的制作材料有水晶、玛瑙、琥珀、琉璃、玉石、珍珠、金银等。服装纹样也更加绚丽，再配以丰富的饰品，把这些贵族妇女装饰得遍身花团锦簇。

莫高窟张氏归义军时期第9窟的女供养人（见图48），眉间贴花钿，颈上戴多重项链，两颊涂胭脂，头梳高髻，发髻上插满精致的以金银珠宝镶嵌的花钗。曹氏归义军时期的衣冠服饰在晚唐奢靡之风的影响下更加富丽堂皇。她们一般都头戴凤冠或花钗冠，颈上饰有多重项链。与前代妇女服饰相比，这一时期显著的特色是贵族妇女脸上的装饰更加丰富，额头、眼睑、面颊、酒窝都贴着各种各样的花子。如莫高窟第98窟东壁有一组女供养人像（见图50），是曹议金家族的女眷。前四位头戴凤冠或花钗冠，发髻上插很多梳子；面部涂胭脂，并贴多种花靥；颈饰瑟瑟珠；均着宽袖大襦、曳地长裙，肩披帔帛，服饰上的花纹极为华丽。这是五代贵族妇女的盛装。再后是四个侍女，头插梳子花钗，面部花靥简单，只有眉心一个花钿，着素色或散花长裙。

犊鼻裈——古代的「短裤」

犊鼻裈一般有两种形式，一种类似于现在的短裤，一般是三角裤衩的形式，这种短裤上宽下窄，两边开孔，以承受双股的贯入；另一种是不剪裁缝合，仅用一块布缠遮在腰和大腿间。这两种形式在敦煌壁画中都有描绘，因为造型和牛鼻相似，也被称为“牛鼻裤”。

犊鼻裈一般作为内裤，不外穿，后来成为穷困劳动者的一种外衣。敦煌石窟供养人身份地位较高，不会外穿这种服装。但故事画、经变画中的农夫、屠夫、泥瓦工、木匠、篙工、渔民等在天气炎热时，为了劳动方便常穿此服。

莫高窟北魏第254窟萨埵太子舍身饲虎连环画中（图67），从山崖跳到饿虎嘴边的萨埵太子全身赤裸，仅穿犊鼻裈。此时的犊鼻裈就是作为内裤出现的。

莫高窟北魏第257窟西壁中层所画九色鹿王本生连环画中，九色鹿从河中救起的溺水的人，也是赤身裸体，只穿犊鼻裈（图68）。莫高窟西魏第285窟五百强盗成佛因缘连环画中，国王令人扒去五百强盗身上

图67　莫高窟第254窟　萨陲太子舍身饲虎本生　北周

图68　莫高窟第257窟　九色鹿王救溺水人本生　北魏

图69　莫高窟第285窟　五百强盗成佛因缘　北周

的袴褶，对其施以酷刑。此时，强盗全身赤裸，仅穿犊鼻裈（图69）。由此可知，犊鼻裈是内裤，在外面还穿袴褶。

莫高窟北周第296窟窟顶所画福田经变中有一幅“建塔图”。塔上砌砖、和泥的工人都是上身赤裸，只穿着犊鼻裈（图70）。莫高窟隋代第302窟窟顶西披所画福田经变中有一幅“伐木建塔图”（图71），描绘了从伐木到建塔的全过程。画中的伐木工、木匠、泥瓦工全部赤裸上体，仅穿犊鼻裈。从上述举例可知，犊鼻裈也是劳动人民的外穿之衣。

图70　莫高窟第296窟　窟顶　福田经变之修建图　北周

图71　莫高窟第302窟　窟顶　福田经变之伐木建塔图　隋

犊鼻裈除了用作内衣和劳动人民的外衣，还大量出现在魔军众妖、金刚夜叉、婆罗门徒、天宫伎乐等形象中。

莫高窟绘有以降魔成道佛传故事为内容的降魔变壁画，故事中绘有魔王波旬率领魔军众妖，阻挠释迦牟尼成佛，但释迦牟尼岿然不动，表现出释迦牟尼成佛的坚定信心。图中魔军众妖，多赤身裸体，仅围短裙，或穿犊鼻裈（图72）。

莫高窟北朝时期开凿的洞窟中一般在四壁下层和中心柱下层画一周金刚和夜叉。金刚、夜叉是佛国世界的护法神，也是佛国世界的捣乱者。他们面目狰狞，身体粗壮，奇形怪状，有的还是兽头人身，或

图72　莫高窟第428窟　北壁　降魔变　北周

图73　莫高窟第288窟　中心柱西龛下部　力士　西魏

挥巾起舞，或弹奏乐器，或举臂擎托，或交手比武，姿态各异。这些金刚夜叉，大都赤裸上身，仅穿犊鼻裈，披帔帛（图73）。

莫高窟北周第428窟绘有敦煌石窟内容最丰富、篇幅最长的本生故事画《须达拿太子施象本生》。讲的是须达拿布施不休，直至成佛的故事。图中向须达拿太子索要大象、车马、儿女的婆罗门教徒都是赤身露体，臂绕巾带，仅穿犊鼻裈（图74）。

莫高窟北朝洞窟的四壁上沿，多围绕全窟画一周天宫伎乐。在这些奏乐歌舞的天宫伎乐形象中，有不少裸露上体，仅穿犊鼻裈。如北周第430窟中的天宫伎乐（图75）。

图74　莫高窟第428窟　东壁　须达拏太子施象本生　北周

图75　莫高窟第430窟　天宫伎乐　北周

儿童服饰

——小朋友们都穿什么

敦煌石窟北朝时期壁画中的儿童形象很少，仅在个别洞窟西壁龛眉图案中出现过。隋代以来，随着大量经变画和故事画的出现，在壁画中出现了许多儿童形象。这些儿童形象有的是佛教中的人物，如伎乐童子、华生童子、供养童子等；有的是现实生活中的人物，如故事画中的儿童。不论是佛教人物，还是现实人物，他们都是依据现实生活中的儿童形象绘画的。这些壁画中儿童所穿的服饰，便是那个时期儿童的服饰。

隋代童子形象一般为上身裸露，下身围裹犊鼻裈。如莫高窟隋代第427窟人字披两披之间脊枋上绘忍冬、卷草、莲花纹装饰图案。在此图案中绘有数身伎乐童子（图76），坐在大莲花上弹奏各种乐器。伎乐童子皆梳莲花头，其发型如莲花，头顶如花心，两瓣莲叶披在耳侧，赤身裸体，只穿犊鼻裈，腕戴手镯，脚戴圆环，臂绕巾带，坐在大莲花上，手持乐器演奏。

莫高窟隋代第398窟西壁佛龛南北二侧（图77）下各画一身站立的

图76　莫高窟第427窟　主室人字披顶　童子乐伎　隋代

图77　莫高窟第398窟　西壁龛内　供养童子　隋

图78　莫高窟第244窟
西壁龛内　供养童子　隋末唐初

供养童子，光头，赤身裸体，只穿犊鼻裈，臂绕巾带，腕戴手镯，脚戴脚镯，站在莲蓬上，手捧花盘，做供养状。童子头顶上，还有一较小的伎乐童子，光头，赤身裸体，只穿犊鼻裈，臂绕巾带，腕戴手镯，脚戴脚镯，坐在大莲花上，手持琵琶演奏，形象生动活泼。

莫高窟第244窟建于隋末唐初，主室西壁佛龛南北二侧对称地各画二身供养童子，构图相同。供养童子，光头无发，赤身裸体，只穿犊鼻裈，腰间缠带，颈戴项圈，腕戴手镯，臂绕巾带，立大莲花上，手持莲花做供养状（图78）。

莫高窟第419窟是隋代营建的一个中型洞窟。此窟人字披东面所绘佛本生故事《须达拏太子施象本生》长卷连环画（图79），连环画中多次出现两个孩子的形象。比如太子把两个孩子施舍给老婆罗门的画面，男孩着圆领袴褶，腰间系带，足穿小靴，是隋代男子的流行服饰；女孩身穿圆领窄袖短襦，下系长裙，在长裙上又系围腰，胸前垂两条长带，足穿小靴，与隋代侍女的服饰相似。

唐前期壁画中有很多儿童形象，十分可爱，他们的服饰既有中原

图79　莫高窟第419窟　人字披　须达拏太子施象本生局部（白描）　隋代

图80　莫高窟第329窟　西龛两侧　童子服饰　初唐

汉族儿童服饰的特点，又有西域外来儿童服饰的特点。莫高窟初唐第329窟西壁佛龛外两侧各绘攀莲童子两身（图80），两童子双手抚莲枝，足踩莲蓬，做舞蹈动作。左侧上一身，赤裸身体，仅穿肚兜；左侧下一身，赤裸身体，仅戴围嘴，足蹬小靴子。右侧上一身，仅戴围嘴，上绣花纹，一足踩莲花，一足上抬，一手采莲花。形象生动，活泼可爱。

莫高窟初唐第220窟南壁所绘阿弥陀经变是莫高窟最精美的西方净土变，图以阿弥陀佛、观世音菩萨、大势至菩萨组成的“西方三圣”说法为中心，四周有或坐或立的听法菩萨围绕簇拥。西方三圣居七宝池，池中碧波荡漾、荷叶碧绿、红莲盛开，有十四身化生童子，与各种水鸟一同游戏其中。化生童子有的还在莲苞之中，有的已出莲苞，

图81　莫高窟第220窟　南壁　童子服饰　初唐

图82　莫高窟第97窟　西龛内　童子散花飞天　沙州回鹘

有的倒立于莲蓬之上，有的站在莲蓬上做各种游戏。其中两组游戏化生童子，一人站立在另一人的肩上。上面的童子身穿红色交领半臂衫，类似现今的儿童 T 恤衫，下着绿色短裤；下面的童子身着背带条纹小口裤。还有两身莲苞中的化生童子，亦穿背带条纹小口裤。这种背带条纹小口裤，来自波斯或西域。

沙州回鹘统治时期的莫高窟也出现了儿童的形象，多以飞天、供养童子、化生童子出现在壁画中，少数洞窟供养人画像中也有儿童形象。这些儿童形象生动、活泼，尤为可爱。他们的穿戴反映了12世纪前回鹘儿童的服饰。

莫高窟第97窟西龛内有两身童子散花飞天（图82），童子髡发，耳两侧留小辫；圆面、柳目、樱唇；赤膊光腿，腕戴手镯，身穿团花缺胯衫，腰束红带，足蹬短靿红毡靴；臂绕巾带，一手端花盘，一手散花，飘带飞扬，徐徐下降。这两身虽是飞天形象，但完全是按照回鹘儿童形象塑造的。

晚唐五代以来，儿童题材的画面增多，并逐渐产生程序化的倾向。此时的儿童服装包括袍衫、肚兜等。发饰包括单髻和双髻。莫高窟第153窟南壁供养童子（图83）用红带束丸髻，着红地绿团花肚兜，穿红色皮靴。肚兜为汉族儿童服饰，靴则来自于西域。

图83　莫高窟第153窟　南壁供养童子　中唐

这种中西交融的童子服饰反映出敦煌当地儿童服饰风俗。莫高窟五代第129窟男童（图84）头束丸髻，以红带系扎，两端上翘，着红色盘领窄袖团花袍，腰系帛带。

西夏艺术中有许多生动活泼、天真可爱的供养童子和化生童子，其服饰和发式具有西夏党项族的特色。安西榆林窟第29窟西壁中间绘普贤变一幅，在普贤菩萨乘坐的白象前面，有一身供养童子像，只在额前留有小片短发，面相丰圆，浓眉小眼，隆鼻厚唇；身着圆领窄袖紧身衫，肘间有羽袖，长衫下摆撩起，于小腹处缠绕挽结下垂；下身裸露，两腿短胖，脚穿轻便软鞋，双手合十，做行进状。童子回首望着普贤菩萨所

图84　莫高窟第129窟　东壁　供养童子　五代

图85　榆林窟第29窟　西壁　童子　西夏

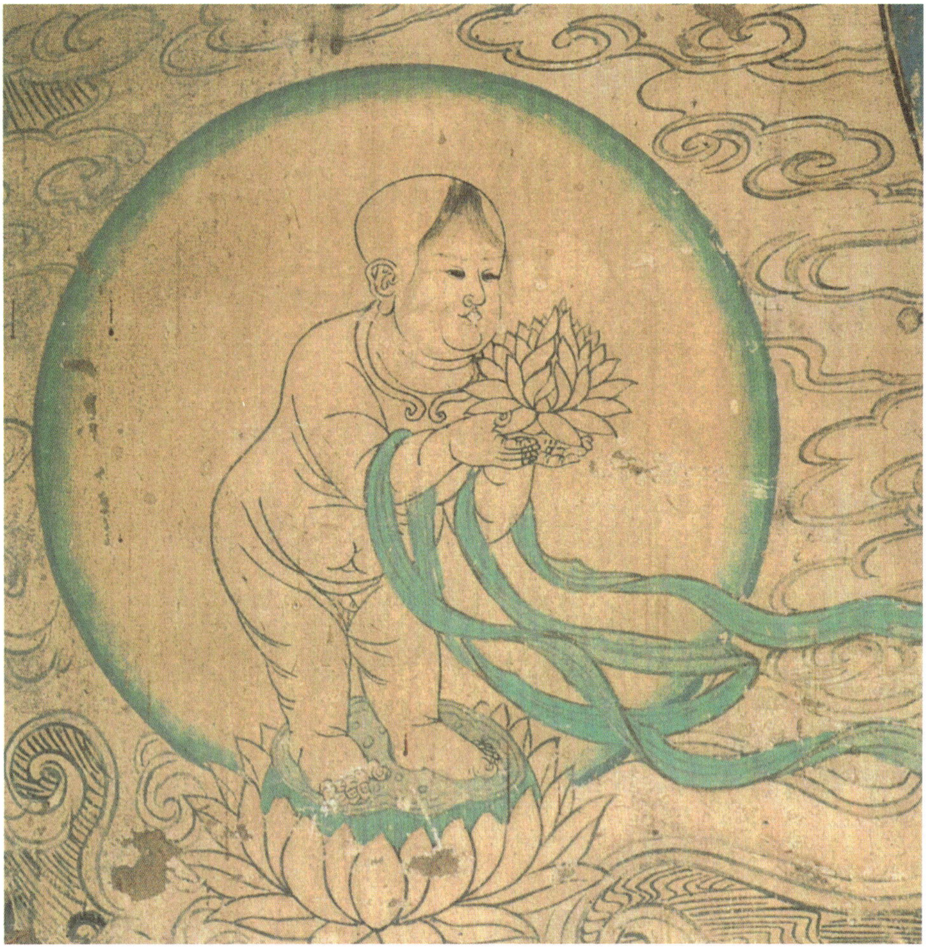

图86　榆林窟第3窟　西壁　童子　西夏

乘的白象，显得天真无邪、活泼可爱（图85）。

安西榆林窟第3窟西壁北侧大型文殊变左下方，有一身化生童子站在一朵盛开的大莲花上。童子全身裸露，身体肥胖，仅额际蓄有两绺头发；颈上戴项圈，双腕搭长巾，随风向一侧飞扬；双手捧着一朵盛开的莲花，作供养之态，显得十分可爱（图86）。

劳动人民的服饰——简单、轻便、实用

劳动人民处于社会底层，他们的服饰很简单，多穿短小轻便的服装，衣料也多用自家生产的麻布。他们简单粗糙的服装，和帝王贵族的衣冠形成鲜明对比。唐代敦煌壁画中有一些表现劳动人民劳作的场面，如莫高窟第323窟的纤夫（图87），第23窟雨中耕作的农夫（图88），第321窟修造房屋的泥匠、做饭的妇女，第45窟的船夫、舵手等等。服装主要有袍衫、半臂、斗笠、草鞋等。袍衫在唐代普遍使

图87　莫高窟第323窟　南壁　纤夫　初唐

图88　莫高窟第23窟　北壁　农夫　盛唐

用，上流阶层穿着，下层劳动人民也穿着。但是劳动人民的袍衫比较短，这样便于劳动，有时人们还把两侧开衩的袍衫衣角提起，系在腰间。有时穿半臂和短裤，一般头戴幞头，为了遮阳避雨，也经常戴斗笠。他们一般都穿用麻草编织的鞋，这种麻鞋轻便而且耐磨。劳动妇女主要穿短襦长裙，发型简单，没有钗簪花钿的装饰，非常简朴。

图89　榆林窟第25窟　北壁　农耕图　中唐

榆林窟25窟北壁弥勒经变中的“农耕图”反映佛经中讲的“一种七收”（图89）。画匠描绘了唐代农业生产的图景，有驭牛耕地、播种、收割、扬场等情节，从中我们可以看到当时劳动人民的着装。图中扬场的男子头戴幞头，身穿黑色圆领窄袖缺胯衫，下着白色小口裤，足蹬长靿靴。扬场的妇女上身穿红色窄袖短襦，下着黄色长裙，短襦束

图90　莫高窟第17窟　北壁　近事女　晚唐

在裙下。收割的农夫手执镰刀，头戴笠帽，身穿白色短衫，下着白色小口裤，足蹬长靿靴。在田间扶犁耕地的男子，头戴笠帽，身穿绿色缺胯衫，下着白色小口裤，足蹬长靿靴。播种的农妇，身穿绿色裙襦。这些劳动人民的服饰样式简单，衣无华饰，非常朴素，真实反映了下层人民的生活。

莫高窟第17窟是晚唐时期河西都僧统摄沙州僧政法律三学教主洪辩的影窟，在洪辩塑像右侧是一身近事女像（图90）。近事女右手执杖，左手托长巾，站在树下，头梳双垂髻，面颊丰圆，身穿圆领缺胯长衫，腰系软带。这幅画像保存很好，是一幅出色的晚唐侍女肖像画。

莫高窟晚唐第107窟东壁北侧下层有两身女供养像（图91），残存题记“……愿舍贱从良……与女喜和一心供养”。有人曾根据“舍贱从良”四个字断定这是妓女的画像。其实唐代“贱”的范围包括没有人身自由的家奴，敦煌文书中有很多“放良文书”，都是给予家奴人身自由的凭据。所以这应该是两身婢女的供养像。她们一人捧包袱，一人捧奁盒，头梳高髻，髻前插一把木梳，身穿素色裙衫，衫上有

图91　莫高窟第107窟　女奴婢两身　晚唐

图92　莫高窟第156窟　前室顶　推童车妇女　晚唐

粗糙的印花纹样。

莫高窟晚唐第156窟前室顶有一幅父母恩重经变，其中有一个妇女推着童车，车内有一小儿正在酣睡。这个画面要表现的是经文“慈母养儿，去离兰车”，形象生动，极富生活情趣。图中这位妇女头梳高髻，身穿素色裙衫，肩披帔帛（图92）。

五代，敦煌壁画中平民百姓的服装和唐代的相比变化不大，基本上沿袭了唐代以来的形制。平民男子仍然是以圆领袍衫为主，妇女仍然以裙衫为主。官员的袍服用织锦制成，平民只能穿用麻布和棉布制成的袍服。这一时期官员的幞头已发展到展脚幞头，而平民阶层的冠饰仍以软脚幞头为主。有些庶民也戴硬脚幞头，但是庶民的硬脚幞头的展脚向两侧伸出的长度，比官员幞头的展脚略短一些。

莫高窟第61窟（图93）东壁北侧维摩诘经变“方便品”中有一个酒肆，几个人围坐着一起喝酒。他们身穿圆领袍服，头戴幞头，有的是长脚软幞头，两脚垂于肩上；有的是硬脚幞头，两脚向上翘，充分展示了软脚幞头向展脚幞头过渡时期的式样。

图93　莫高窟第61窟　东壁北侧　维摩诘经变　五代

图94　莫高窟第146窟　西壁　外道女　五代

莫高窟第146窟西壁劳度叉斗圣变中有四个外道信女（图94），表现的是佛经中外道遣来诱惑舍利弗的外道美女被舍利弗所变的旋风吹得拂袖遮面、难以藏身的情景。她们面容清秀，头梳高髻，身穿长袖花衫，束彩裙或裙裤。其穿着应是当时平民女子的日常衣着。

地位低下的劳动者常穿着便于劳作的缺胯短衫。敦煌壁画中的劳动者大多都是穿圆领缺胯衫，内穿短衣，下着长裤。衫的长度没有定制，一般来说，身份等级越高，缺胯衫越长，如节度使的侍从穿的缺胯衫一般长至膝下。身份越低、生活越困苦，缺胯衫就越短，这样便于劳作，行动利索。有些生活非常贫困的劳动者穿短衣，一般多用麻、葛或粗毛织成，短衣长至臀部，下面穿围裙，裙长至膝。

莫高窟第61窟西壁是一幅《五台山图》（图95），图中行人商旅，

图95　莫高窟第61窟　西壁《五台山图》局部　行旅图　五代

络绎不绝。肩挑货物的小商贩，头戴软脚幞头，身穿圆领窄袖缺胯衫，下着白色紧口裤。有一个男子在一座小桥上阔步行走，他头戴幞头，身穿圆领缺胯袍，与其他缺胯袍不同的是，这个缺胯袍的袖子特别长，应该是舞伎的服饰。在小桥左侧有一个男子骑在一匹白马上，他头戴展脚幞头，身穿圆领袍衫。前面有两个着白色袍衫、穿窄裤的侍者，后面两个侍从皆头戴幞头，身穿缺胯袍。还有牵着满载货物的骆驼行走的男子，头戴幞头，身穿缺胯袍。

图96　莫高窟第61窟　西壁　《五台山图》局部　五代

在“永昌之县”里有一个小旅店，店主人站在门口正在热情地迎接过客（图96）。店主人头戴幞头，身穿白色圆领窄袖缺胯袍，三位过路人头戴宽檐草帽，上着短衫，下穿白色大口裤，腰上系围裙。前面一人肩上搭着一条长巾，后面一人肩上也搭着一条长巾，可能是路途中用来擦汗的，最后一位用长棍挑着一个竹筐。这几位过路人虽然服饰简单，但

图97 莫高窟第61窟 南壁 工匠服饰 五代

是通过细节的表现，把风尘仆仆的赶路人形象刻画得栩栩如生。旅店旁的山间，有一人扬鞭赶驴，赶驴者头戴笠帽，身穿圆领窄袖缺胯袍，下着白色小口裤。远处有一家“灵口之店”，有两人在店外推磨，他们都头戴幞头，身穿圆领窄袖缺胯袍，下着白色小口裤，其中有一人腰上还系有黑色围裙。

莫高窟第61窟南壁经变画中绘有一个烧制陶器的工匠（图97），他头戴幞头，上身裸露，着犊鼻裈。比较特别的是其幞头两个长脚结在脑后，这可能是因为软长脚幞头在劳动时不方便，所以把双脚反结于脑后，以利于劳作。

莫高窟第61窟南壁弥勒经变中有一幅“耕作图”（图98），画二牛抬杠耕地、持镰收割和扬场等农作场面，表现的是《弥勒下生成佛经》中弥勒净土世界“一种七收”的内容。画面畦垅分作三块，分别描绘了分属不同时令的劳动场面，从中也可以看到当时劳动人民的服装。其中持镰收割的农民头戴笠帽，身穿短缺胯衫；耕地的农民身穿缺胯衫，头戴软脚幞头，将双脚结于脑后；扬场的农妇身穿素色衫裙，非

图98　莫高窟第61窟　南壁　弥勒经变局部　五代

常朴素，农夫则头戴长脚软幞头，身穿素色缺胯衫。

西夏建国后的民众，除少部分党项人、吐蕃人、回鹘人仍然以游牧射猎为生外，绝大部分民众都过着定居生活。他们除从事农业生产外，还从事手工业生产和商贸活动。为了便于劳作，他们不穿袍服，而是像汉族劳动人民一样多穿短衫、裙、裤，或穿汉族和党项族两种民族风格相混合的服饰。因此，西夏平民的服饰多具中原汉族样式。

安西榆林窟第3窟东壁千手千眼观音经变中，以观音的五十一面宝塔冠为中轴线，对称地绘画了西夏时期的农耕图、锻铁图、酿酒图、行商图、踏碓图、百戏图、舞狮图等。这些图反映出西夏时期农、工、商、艺等各行各业平民的服饰。

农耕图中（图99），绘二牛抬杠，拉犁前行。牛后一农夫右手操犁，左手扬鞭，驱牛犁地。农夫头裹巾，身穿交领短衫，袖筒卷起，衫的下摆束入腰带，下穿窄裤，足穿麻鞋，穿着简朴，便于在田间劳动。

酿酒图中，绘一座方型大炉灶，炉灶一侧开灶门，灶门前有一妇

图99　榆林窟第3窟　东壁南侧　农耕图　西夏

图100　榆林窟第3窟　东壁南侧　酿酒图　西夏

女蹲跪地上，正在加柴烧火，浓烟从烟囱冒出。灶旁一妇女，一手扶灶台，一手端酒钵，似在品酒。画面真实地反映了西夏社会家庭酿酒的情景。图中添柴的妇女头梳高髻，上扎头巾，身穿对襟窄袖长衫，为了添柴方便左臂卷袖，下着裙或裤。品酒的妇女也头梳高髻，上扎头巾，身穿交领对襟宽袖长袍（图100）。

锻铁图中，画面左侧绘一铁砧，两边各立一名铁匠，其中一铁匠右手握铁钳，钳中夹铁件，左手举铁锤；另一铁匠双手握铁锤，扬举身后，奋力打铁。画面右侧绘一巨大的竖式双扇门风箱，风箱前坐一人，

图101　榆林窟第3窟　东壁南侧　锻铁图　西夏

双手握拉把，做推拉状，奋力鼓风，生动地刻画出西夏社会铁工小作坊的劳动生产场面。图中的三名匠人均头裹巾子，身着短衫，腰间系带，袒胸露臂，下穿窄腿裤，或者腿裹行藤，足穿麻鞋，是典型的下层劳动人民的装束（图101）。

行商图中，绘两身头戴宽檐笠帽，身穿交领大襟、窄袖开衩过膝长衫，腰间系带，腿裹行藤，足穿麻鞋，肩上挑担，上置货物的行商，一前一后，匆匆赶路。其服饰和形象真实地反映了西夏小贩行商生活的情景（图102）。

图102　榆林窟第3窟　东壁南侧　行商图　西夏

这些劳动人民的服饰都十分简单，几乎没有装饰品，质地可能是麻布，衣短省料，制作简单，穿着随意，便于劳作，朴素无华，也是平民常穿的衣服。

军戎服饰
——古代军事力量的体现

军戎服饰是一个国家军事力量的重要体现。要取得战争的胜利，必须有装备精锐的军事力量。古代战争促进了武器和铠甲的发展。古代的铠甲形制很多，但其中最主要的是筒袖铠、裲裆铠、马具装和明光铠。

筒袖铠是最常用的一种铠甲，在三国时已广泛使用。这种铠甲又被称为“诸葛亮筒袖铠”，据说是因为当时诸葛亮重视军备生产，曾亲自监督制作这种铠甲，所以人们就将这种铠甲用他的名字来命名。南北朝时筒袖铠仍是军队的主要铠甲。从现存的绘画形象资料来看，这种铠甲的基本特征是将小块鱼鳞纹甲片穿缀成胸背连属、呈圆筒状的甲身，同时在肩部装上护肩的筒袖，所以叫作“筒袖铠”。

裲裆铠，也称“两裆铠”或“两当甲”，是南北朝时期将士的主要装备。通常由胸甲和背甲两块组成，肩上用皮带搭缚，将前后两块扣联，腰间再用皮带系扎。因其一块挡前，一块挡后，故叫两当甲。两当甲有皮制的，亦有铁制的。铁制的材料一般多采用坚硬的金属甲片。甲片有长方形、鱼鳞纹形等多种。从形象资料上看，在胸背采用小块鱼鳞纹甲片的比较常见，大概是便于俯仰活动。

马具装，亦名“具装铠”，是骑兵用来保护战马的马铠。完备的马铠有保护马首的“面廉”，保护马颈的“鸡项”，保护马身的“甲身”，保护马胫及前胸的“荡胸”，保护臀部的“搭后”。马具装是随着中国战争军事力量的变化而产生的。先秦之时，中国的军事力量是步兵和车兵。车兵是战斗中的主力，冲击力最强。谁具备了强大的车兵，谁就能取得战争的胜利。汉代之后，由于周边游牧民族侵犯汉地，促使中原军事力量发生变化，由以步兵、车兵为主变为以步兵和骑兵为主。骑兵的冲击力量最强，谁具有强大的骑兵，谁就能取得战争的胜利。为减少战马和骑兵在战斗中的伤亡，人们给战马也装备了铠甲。被武装起来的“铁骑”在战斗中冲锋陷阵，永往直前，无所阻挡。

明光铠，是一种胸前及背后有圆护的铠甲。圆护多以铜、铁等金属制成，并且被打磨得极为光亮，颇似圆镜。在战场上，如果有太阳的照射，圆护就会发出耀眼的明光，故称明光铠。这种铠甲在三国时已经出现，但极少见，直到南北朝后期，才在军队武将中使用，并逐步代替了裲裆铠。到了隋唐，尽管铠甲的种类异常丰富，但明光铠仍占有重要地位。

魏晋南北朝时期战争频繁，由于北方各民族先后进入中原，与汉族争夺天下，南北双方斗争激烈，因此穿着铠甲的军士形象和人马披铠的重骑兵形象，以及重骑兵与步兵作战的场面，在敦煌北朝壁画中都有表现。而明光铠的形象在北朝时期的敦煌壁画中还没有出现。

图103　莫高窟第254窟　南壁
魔将铠甲　北魏

莫高窟北朝时期的洞窟中共绘有降魔成道变四幅。其中北魏三幅，分别绘在第254窟、260窟、263窟；北周一幅，绘在第428窟。“降魔成道”是佛传故事中的一个重要情节，其内容表现的是释迦牟尼在菩提树下即将得道成佛时，魔王波旬因害怕、担心释迦牟尼成佛后，降福人间，使他失去地盘和权威，便带领魔军前来破坏阻挠。魔王先以美女诱惑，后以武力威胁，均遭失败。最后释迦牟尼以法力战胜魔王。魔王波旬五体投地，皈依佛门。在这几幅降魔成道组合画中，魔王和魔军头戴头盔，两侧有护耳，身着筒袖铠。如莫高窟北魏第254窟和北周第428窟降魔成道壁画中的魔王和魔军便是如此（图103、图104）。

图104　莫高窟第428窟　北壁　魔将铠甲　北周

莫高窟西魏第285窟南壁上层和北周第296窟南壁中层的五百强盗成佛图中绘有官兵与强盗展开

图105　莫高窟第285窟　南壁　军戎服饰　西魏

激烈战斗的情景（图105、图106）。画中的强盗均头扎长巾，身穿圆领窄袖褶衣，下着长裤，裤脚缚扎，足穿靴子，手持弓箭、盾牌、大刀、长矛。官兵头戴绿色头盔，有护耳。有的身穿裲裆铠，有的身穿褶裤，足穿靴子，均乘骑具装铠马，手持长矛，身挂箭袋。马铠为绿色鱼鳞纹甲片，或为蜂窝纹甲片。画中的强盗衣饰、武器实际上源自北朝鲜卑族步兵的形象。画面中的官兵装备、武器、马具装实际上源自北朝鲜卑族重骑兵的形象。画面中对官兵与强盗战斗的描绘，生动地反映了当时战场上重装骑兵冲击敌人步兵的真实场面。

图106 莫高窟第296窟 南壁 骑兵服饰 北周

隋代建立的时间很短暂，军队建制和军事服装基本沿袭南北朝时期的旧制。铠甲使用最普遍的仍然是裲裆铠和明光铠。其中明光铠到了隋代时，在军队中才得到普及。唐代时，明光铠得到更广泛的推广。尽管唐代铠甲的种类异常丰富，但明光铠仍然占有重要地位。由于丝绸之路的开通，西域诸国的军事服装也传到了中原，隋代壁画中也出现了穿西域长身甲的军人形象。隋代军事服饰多表现在彩塑、壁画中的天王形象上和故事画中。

莫高窟第427窟前室（图107）有四身隋代塑、后代重修的天王像。此窟天王身形魁梧，头戴宝冠，披长巾，覆护膊，束十字束甲带，围腿裙，扎裹腿，蹬战靴，脚踩小鬼，手中姿势似持武器。铠甲结构清晰，

图107　莫高窟第427窟　前室南壁 / 北壁　天王　隋

能够很好地反映出隋代战士的着装。

莫高窟第380窟是隋末唐初营建的一个中型洞窟。东壁门两侧各绘一身天王，为南方天王和北方天王（图108）。两身天王的服饰基本相同，只是头冠不同。北方天王头戴护耳甲片兜鍪，上饰莲花宝珠，项有盆领，身穿长身甲，胸前有两大圆护，腰系革带，下着吊裤，腿裹行藤，足蹬皮靴，脚踩地鬼，肩绕巾带，披膊箭袖，一手托宝塔，一手持长矛。此身天王的铠甲可能是明光铠与西域长身甲相结合的一种铠甲。长身甲类似长大衣，用兽皮制成，外缀长条形铁甲片，穿起来

图108　莫高窟第380窟　东壁　天王　隋末唐初

图109　莫高窟第303窟　人字披步兵戎装　隋

紧身方便，适于实战。

莫高窟隋代第303窟步兵（图109）头戴兜鍪，顶插长缨，着护胸甲，下着髀裈，足蹬长靴，手执武器。这可能是隋代步兵的着装。

莫高窟隋代第420窟窟顶四披所绘的法华经变“普门品”中绘观音菩萨救度诸难和现三十三身说法（图110）。在救济众难中，表现最好的是上层中的“商队遇难图”。途中商人们遭到全副武装的强盗围追抢劫，商人们束手无策，只好卸下全部货物，奉送强盗，以求活命。抢劫商队的强盗，不论是骑兵还是步兵，都头戴护耳兜鍪，上插缨毛，身穿项护连属的长身铠甲，手执长矛。

图110　莫高窟第420窟　窟顶　商队遇难图（线描）　隋代

初唐的铠甲和戎服基本保持了南北朝、隋代以来形成的样式，贞观以后，统治者进行了一系列服饰制度改革，渐渐形成了具有唐代风格的军戎服饰。唐代的铠甲，据《唐六典》记载，有明光甲、光要甲、细鳞甲、山文甲、乌锤甲、白布甲、皂绢甲、布背甲、步兵甲、皮甲、木甲、锁子甲、马甲等十三种。

图111　莫高窟第322窟　西壁龛内　天王　初唐

唐代的皮甲，在形制上都仿照明光铠。唐初，各部结构与外形都沿袭隋代。贞观之后，出现了具有唐代特点的胸甲、披膊和腿裙。皮甲和明光甲在形制上相差无几。在皮甲的重要部位和某些部件上，都缀有铁制圆护、甲片。区分唐代的明光甲和皮甲应以铠甲主要用何种材料制成为依据。如莫高窟初唐第322窟西壁龛内北侧有一身天王像（图111），天王面容具有西域胡人特征，浓眉大眼，高鼻厚唇，蓄八字胡，身形纤瘦。天王头戴兜鍪，身穿铠甲，肩上加护肩。胸前有两个圆护，从整体来看，好像是用较大片的皮革制成的，不像是用铁制的甲片连缀而成的。所以这身天王像表现的可能就是唐代的皮甲。

唐代铠甲中仍以明光铠使用最普遍。唐代初期，明光铠的形制与隋代基本相同。之后铠甲的形制日趋完善，在肩部增加了护肩，以加强对肩部的防护。有的铠甲护肩做成虎头、龙首的造型，使武士们看起来更加威猛。同时还采取了加强腹部防护的措施，在身甲的腹部增加与胸背上同样的圆形护甲，这就是腹甲。在腿裙前面开衩处，还出现保护下腹部的短而小的鹘尾。并且小腿部也开始使用胫甲。至此，明光铠已经发展得非常完备，从头到脚全副武装，成为唐代铠甲的基本形制。莫高窟唐代洞窟中的天王像多身着明光铠。如莫高窟盛唐第45窟彩塑天王像（图112），左手叉腰，脚踩地鬼，神态威严。身着明光铠，肩上有护肩，胸前有两个圆护，腹部也有一个圆护，腿部似乎绑着胫甲，完全是一位武将的形象。

图112　莫高窟第45窟　西壁龛内彩塑天王像　盛唐

《唐六典》中记载，唐代还有一种绢甲，绢甲是一种仪仗甲，一般不用于

图113　莫高窟第194窟　西壁龛内　彩塑天王像　盛唐

实战，只是宫廷侍卫、武士的戎服。这种甲用图案华美的绢或织锦作面料，内衬数层厚帛制成。在莫高窟盛唐时期的天王彩塑和壁画中出现了许多装饰十分繁缛华丽的铠甲。这些铠甲既不像是用铁制成的，也不像是用皮革制成的，可能是唐代的宫廷绢甲。莫高窟第194窟的彩塑天王穿的应当就是这种铠甲（图113）。

除了天王像，此时期的壁画中也出现了许多战争的场面，给我们留下了许多反映军戎服饰的形象。如莫高窟第217窟南壁故事画中就有军队场面（图114）。故事大意为，从前印度摩揭陀国国王年迈无子，请来相师占卜，方知未来的太子尚在山中修行。国王求子心切，断绝了修行者的生路，希望其早日转生为太子。结果修行者转世为一只白兔，国王又派人捕杀白兔。之后，王后怀孕，生一太子，取名阿阇世。阿阇世王子长大以后，举兵政变，篡夺王位。他将父王囚禁起来，欲

图114　莫高窟第217窟　北壁　两军作战　盛唐

将其饿死。王后韦提希夫人设法将蜂蜜、炒面带到监内，供国王充饥。阿阇世王子得知情况后，杀死父王，把母后囚禁在深宫。释迦牟尼得知后，率部众为韦提希夫人讲经说法。夫人这才得知国王和自己遭受的苦难都是因为前世因缘所造。在这幅故事画的“政变图”中，我们可以看到两军对垒的场面，一方拿长矛进攻，另一方一手持盾牌，一手持剑。两军战士都全副武装，头戴兜鍪，身穿铠甲，肩上加护膊。

公元7—9世纪，吐蕃王朝占据青藏高原和中亚，与唐王朝分庭抗礼，对峙200余年。吐蕃王朝具有强大的军事力量，军队武器锐利，铠胄精良。吐蕃军戎服饰在敦煌石窟艺术中主要表现为“长身甲”和“大虫皮”两类。着“长身甲”的形象主要是天王塑像、画像以及一些经变画和出行图中的将士；着“大虫皮”的形象主要是天王塑像、画像以及吐蕃赞普礼佛图中的侍从或卫士。

敦煌吐蕃时期的洞窟中所塑绘的天王，基本上是按照吐蕃将领的形象创造的。莫高窟第154窟北方天王（图115），头戴莲瓣宝冠，一手托宝塔，一手持长戟，身佩长剑，腰悬吐蕃式弯刀，身穿吐蕃将士长身铠甲，足踩地神彩云。其铠甲类似波斯长身铠甲，有较高的向左右分开的立领。铠甲由胸前正中开合，束腰处较细，下摆的垂缘长及膝部，并且外展似裙。上身铠甲用鱼鳞形甲片连缀，胸前正中开合处用圆环盘带连系。下身膝裙用长方形甲片连缀。肩上有一对牛角形背靠，用来保护肩部不被刀枪砍伤。

吐蕃和西南少数民族称老虎为“大虫”，“大虫皮”即虎皮。吐蕃王朝对于有战功的人，活着时给予其身穿虎皮的奖励，死去后在其墓屋红壁上画白虎，所谓“生衣其皮，死以旌勇”。大虫皮原是吐蕃王朝

图115　莫高窟第154窟　南壁　北方天王　中唐

对立有战功的将领、战士给予的一种褒奖，后来演变为吐蕃王朝的官制名称和服饰制度。即以战功的大小、官品的高低为据，授予不同的虎皮服饰：虎皮帽、虎皮围巾、虎皮褂、虎皮背心、虎皮袍，乃至全张虎皮等。

吐蕃统治敦煌近70年，在敦煌石窟中也留下了大量“大虫皮”的形象资料。如莫高窟第205窟主室中心佛坛前方南北两侧有吐蕃时期

图116　莫高窟205窟　佛坛　大虫皮天王　中唐

图117　榆林窟第15窟　前室　独健太子　中唐

补塑的两身天王（图116），北侧北方天王虽有破损，基本形象尚完整。天王身穿铠甲，足蹬战靴，握手而立，于铠甲外披一张完整的虎皮。虎头已被损坏，虎尾和两条后腿垂在天王的身后，直到足下。榆林窟第15窟中的独健太子是武士形象（图117），赤身裸体，肌肉发达，身披全张虎皮，虎头为帽，前肢系在额下，虎尾和后肢垂于身后，直到足下。

张氏归义军时期，军戎服装多保持吐蕃时期出现的长身铠甲，并在天王塑像上有大量反映。莫高窟第156窟《张议潮统军出行图》中的武士（图118），戴顿项兜鍪，顶端饰缨，披护肩、护膊，着半臂横纹长身铁甲，束腰带，持弓箭。顿项是包围在头盔四周或后面的颈部防护铠甲。兜鍪是头盔和顿项合在一起的头部铠甲。

图118　莫高窟第156窟　南壁　戎装　晚唐

图119　莫高窟第107窟　西壁　天王　晚唐

莫高窟第107窟，其窟西壁佛龛外南北两侧各画毗沙门天王一身（图119）。这两身天王头戴莲瓣宝冠，一手托宝塔，一手持长戟，身佩长剑，腰悬吐蕃式弯刀，身穿吐蕃将士长身铠甲，足踩彩云。其铠甲类似波斯长身甲，上身铠甲用鱼鳞形甲片连缀，胸前正中开合处用圆环盘带连系。下身膝裙用长方形甲片连缀。肩上有一对牛角形背靠。

莫高窟晚唐第9窟前室西壁绘北方毗沙门天王一身（图120）。天王头戴莲瓣佛冠，身穿长身甲，肩有火焰纹背靠，一手叉腰，一手托宝塔，游戏坐于两身地鬼背上。铠甲模仿吐蕃长身甲的样式，但甲衣不是用铁甲片连缀的，而是用具有波斯风格的联珠纹、“十”字纹锦缎装饰的。

图120　莫高窟第9窟　前室西壁
北方天王　晚唐

曹氏归义军时期的军戎服饰基本沿袭前代的形制，唐代中期出现了长身紧身铠甲。这时的铠甲融合了中原、吐蕃、回鹘等诸多铠甲的优点，武士头戴尖顶有缨饰的兜鍪，甲身长至膝，有护膊，下有腿裙，足蹬靴。这种铠甲紧身利落，防御性强，利于实战。莫高窟第61窟南壁中有几身武士像，穿的正是这种利于实战的铠甲（图121）。武士头戴兜鍪，甲身长至膝下，披护肩、护膊，背后有鹖尾，足穿靴。这种长至膝下的实战紧身铠甲在中唐大量出现并沿用到宋代。

图121　莫高窟第61窟　南壁
武士铠甲　五代

除了这种实战铠甲，还有一种仪仗铠甲，称作“五色介胄”。《宋史·仪卫制》记载：“甲以布为裹，黄絁表之，青绿画为甲文，红锦缘，青絁为下裙，

图122　莫高窟第108窟　东壁　五色介胄　五代

图123　莫高窟第98窟　背屏后　射鹿图　晚唐

绛纬为络、金、铜、铁，长短至膝。”这是关于皇家仪仗高级军官穿着铠甲的记载，从中得知这种铠甲是用布为里，在外面裹上黄色的粗绸，再在上面用青绿色画出甲片的纹样。铠甲边缘用红锦缀边，铠甲长至膝上，这样能增加仪仗的风采，但不具备实战防御功能。莫高窟第108窟东壁南侧壁画维摩诘经变中，有一支仪卫队，八位武士体魄健壮，衣饰华丽，气势威武。他们有的头戴冠，有的头扎红色抹额，内着宽袖衫，外套青绿色甲片纹样的铠甲，下着长裙。这应该就是宋史记载的皇家仪仗铠甲“五色介胄”（图122）。

莫高窟第98窟背屏后面有一幅射猎图，猎手骑在马上，张弓瞄准一只惊慌失措的小鹿。射手头戴红色抹额，身穿红色窄袖衣，下着小口裤，足蹬长靿乌靴，身佩箭囊（图123）。

莫高窟第261窟西壁坛上有一身天王像，没有太多修饰夸张的成分，其头戴兜鍪，身穿甲胄，神情威严，像现实生活中的武士（图124）。从塑像来看，天王穿的应是用大块皮革制成的皮甲。

图124　莫高窟第261窟　西壁坛上　天王　五代

莫高窟五代第346窟，前室南壁残存一幅露天壁画，天王和夜叉脚下有一位形象完整

图125　莫高窟第346窟　南壁　射手　五代

的射手（图125）。他头扎红布头巾，身穿窄袖交领右衽长衫，腰束菱纹花革带，带上斜插两枝羽箭，足蹬长统战靴，单膝跪地，仰面拉弓，瞄准待发。

西夏王朝的军戎服饰深受宋代的影响。西夏雕塑、绘画艺术中，俗世社会中的将士军戎服饰极为少见。因此，西夏时期的军戎服饰，只能从天王、天神、武士造像上间接地看到。安西榆林窟第29窟东壁和西壁分绘文殊变和普贤变，在这两幅经变图中，各绘一身天王像。两身天王的服饰相同，头戴圆形护耳兜鍪，上插红缨，身穿鱼鳞片甲胄，胸前系带，腰裹抱肚，下穿缚裤，腿缠行藤，足蹬麻鞋，外披绿色战袍，臂绕巾带，双手执箭，立于彩云之上（图126）。

图126　榆林窟第29窟　西壁　普贤变中的天王　西夏

歌舞伎乐服饰

——宫廷舞乐的豪华展示

唐代是中原和西域乐舞艺术大交流、大融合的昌盛时期。唐代国家统一、社会稳定、经济繁荣，文化上也得到飞速发展。唐代歌舞一方面继承和发展了中原民族舞乐的传统，同时也大量吸收了西北各少数民族和中亚各国舞乐的特长，创造了新的民族舞乐。在唐代，宫廷和民间广泛流传从西域传来的“胡腾舞”“胡旋舞”“柘枝舞”。这些乐舞，节奏欢快，一经传入，就深受人们的喜爱，得到广泛传播，风行一时。

敦煌唐前期的大型经变画舞乐图中大量描绘“胡旋舞”和“胡腾舞”的艺术形象。“胡旋舞”的舞姿以旋转为主，“胡腾舞”的舞姿以腾踏跳跃为主。它们的共同特点是无论旋转飞驰、腾踏跳跃，双足不离足下的小圆毯。

莫高窟初唐第220窟南北两壁通壁绘巨幅经变画西方净土变和东方药师变，其中就有完美的“胡旋舞”和“胡腾舞”的艺术形象。南壁西方净土变中（图127），在阿弥陀佛、文殊菩萨、普贤菩萨面前有一

图127　莫高窟第220窟　南壁　舞乐图　初唐

个巨大的露天舞场，两侧方形大地毯上坐着两组乐队，共十六人，各持琵琶、古琴、箜篌、横笛、排箫、长鼓、铜钹等乐器。这些乐伎头梳高髻，戴宝冠，上身半裸，斜披罗巾，项饰璎珞，佩戴手镯、臂钏等饰物。中央两块圆形小花毯上有一对舞伎，头戴宝冠，项饰璎珞，身穿长裙，手舞彩带，旋转相顾，翩翩起舞。舞蹈研究者认为，图中舞伎表演的是“胡旋舞”。

北壁东方药师变画面下部，七佛八菩萨前是盛大的歌舞场面，药师佛面前的宝池中间是大型七层灯阁，灯阁两边，各有一对舞伎。西侧的两身舞伎宝冠高髻，身穿织锦半臂，下穿卷边的大口裤，戴手镯、璎珞，手执长巾，赤足立于小圆毯上，一腿掖后，似乎在做一个腾跳的动作。舞蹈研究者认为，这两身舞伎表演的是“胡腾舞”（图128）。东侧的两身舞伎头戴宝冠，高髻披发，上身赤裸，身饰璎珞，长巾环绕，下穿长裙，赤足立于小圆毯上起舞。从舞伎的姿态、飞扬的飘带和长发来看，应该表现的是一种以快速旋转为主要特征的舞蹈。舞蹈研究

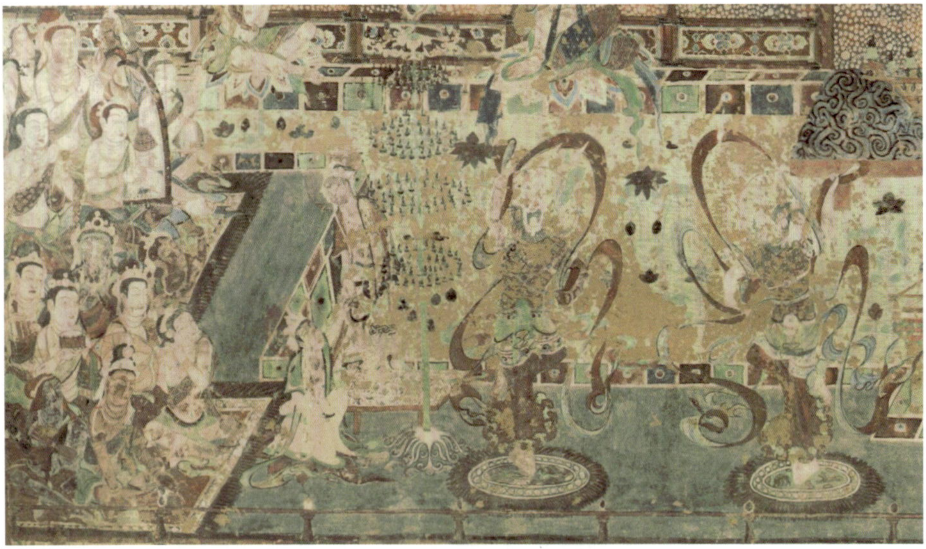

图128 莫高窟第220窟 北壁 舞乐图 初唐

图129 莫高窟第220窟 北壁 舞乐图 初唐

者认为这就是传自西域的“胡旋舞”（图129）。舞伎两侧，各有一座三层莲花灯树，有二天女点燃灯烛。灯树两侧平台上，各有一组坐在花毯上的乐队，共二十八人，分别演奏着古筝、琵琶、箜篌、排箫、横笛、拍板、腰鼓、羯鼓等乐器。这些乐工头梳高髻，戴宝冠，上身半裸，斜披罗巾，项饰璎珞，佩戴手镯、臂钏等饰物，下穿长裙或短裤。

除了经变画中出现的大量舞乐图，在一些故事画中也出现了许多表现现实生活的舞乐图。如在莫高窟盛唐第445窟北壁的嫁娶图中，婚礼宴会上参加歌舞表演的乐工戴软脚幞头，穿折领袍，束革带，着乌皮靴，或吹箫，或吹笙，或弄拍板。舞伎戴幞头，着长袍、乌靴，一手挥袖上举，一手叉腰，踏脚而舞（图130）。

图130　莫高窟第445窟　北壁　婚礼图　盛唐

莫高窟第156窟南壁《张议潮统军出行图》中，在雄壮的仪仗队中部画随军营伎。乐队十人，分别演奏琵琶、箜篌、长笛、芦笙、拍板、腰鼓、大鼓等乐器（图131）。他们头戴毡帽，身穿圆领窄袖长衫，腰系革带，足蹬靴。舞伎八人，分列两组，每组四人，一组为男舞者，头戴黑色幞头，分别身穿绿、红、黑、蓝色圆领长衫，腰系绸带，长衫开衩，下穿印花宽腿裤，足穿黑靴，一手举袖，一手甩袖，踏步而舞；一组为女舞者，头用彩色长巾缠裹系扎，多余的长巾垂在背后，头顶前面扎两个小丫髻，分别身穿蓝、红、绿、黄长衫，腰系绸带，长衫开衩，下穿印花宽腿裤，足穿靴子，面对男舞人，一手举袖，一手叉

图131　莫高窟第156窟　南壁　舞乐图　晚唐

腰，踏步而舞。舞蹈研究者认为与现今藏族锅庄舞的舞姿类似。“锅庄”意为圆圈舞，羌族、藏族均有类似的舞蹈。锅庄舞是集体舞，节奏快，挥袖踏步，矫健有力，边歌边舞，没有乐器伴奏也能跳。张议潮所领导的河西归义军不只有汉族，还有不愿意遭受吐蕃统治者残酷压迫的吐蕃农奴、回鹘等各族百姓。所以河西归义军的营伎会跳吐蕃舞是不足为奇的。

北壁《宋国夫人春游出行图》中，在前导百戏杂技队伍中画乐舞场面（图132）。乐队七人，头戴白色卷檐毡帽，分别身穿红、绿、黄、蓝、紫色圆领窄袖印花长衫，腰系革带，足穿黑靴，奏琵琶、横笛、

图132　莫高窟第156窟　北壁　乐舞图　晚唐

图133　莫高窟第100窟　南壁　曹议金统军出行图局部　五代

芦笙、拍板、腰鼓、大鼓等不同乐器。从服饰和乐器看，似是回鹘人。因为回鹘人不仅能歌善舞，更善于乐器演奏，所演奏的多为西域乐器。女舞蹈者四人，头梳高髻，上穿交领长袖红色印花衫，下系红色印花长裙，肩披巾带，四人围成方阵，双臂举袖而舞。舞蹈研究者认为，这四位舞者虽然穿着唐代中原汉族服饰，其舞蹈姿态却和现今藏族弦子舞相似。弦子舞是藏族代表性舞蹈之一，相传是文成公主入藏时带去的，至今仍然是藏族聚居区广为流传的民族舞蹈。弦子舞是宫廷舞，后来流传民间，节奏慢，举袖踏步，动作柔美，舞时有弦子等乐器伴奏。从乐舞画面中可以反映出各民族乐舞文化互相交流、融合的历史事实。

莫高窟第100窟，在全窟四壁下部绘有《曹议金统军出行图》及《回鹘夫人春游出行图》。这两幅出行图是对第156窟张议潮夫妇出行图的模仿。在《曹议金统军出行图》仪仗中部也绘有相同的营伎乐舞场面（图133）：前有舞伎两行，每行四人，一行男舞伎头戴幞头，穿大口裤；一行女舞伎头梳双髻，额束缯帛，长巾后垂。男女舞伎俱挥长袖，踏步而舞，类似藏族舞蹈。说明五代时期具有吐蕃风格的民间舞蹈仍然在敦煌流行。舞伎后面有乐工八人，分别演奏琵琶、箜篌、长笛、芦笙、拍板、腰鼓、大鼓等乐器。他们头戴毡帽，身穿圆领窄袖长衫，腰系革带，足蹬靴。

胡服胡帽——兼容并蓄的服饰审美

喜着胡服是唐代又一服饰特色。所谓“胡服”，包括西域少数民族服饰，还泛指印度、波斯等外国服饰。唐代对外交流日益广泛，各民族和外国使者云集长安，带来了他们的服饰文化。唐代妇女所穿胡服形象多为头戴胡帽，身着翻领窄袖袍，腰系蹀躞带，下穿条纹小口裤，足蹬靴。唐代盛行胡服可能与当时流行西域乐舞有关，妇女由对胡乐胡舞的崇尚，发展到对胡服的模仿。敦煌壁画中也出现了许多身着翻领窄袖袍，腰系蹀躞带，下穿条纹口裤，足蹬靴的妇女形象。如莫高窟第445窟弥勒经变中的“剃度图”中有一身侍女（图134），身着翻领团花袍，这应该是胡服。

图134　莫高窟第445窟　北壁剃度图中侍女　盛唐

除此之外，敦煌壁画中的胡服还有羃䍦、帷帽等。隋末初唐时，羃䍦最时兴，后来慢慢地开始流行起帷帽。羃䍦是一种衣帽相连，类似近现代斗篷、披风一类的外衣，应是来自西域的一种胡服。羃䍦的兴起一方面是受中国古代封建礼教的影响，即“女子出门必拥蔽其面”；另一方面是羃䍦能够起到遮挡风沙雨雪的作用。北朝以后，羃䍦传入中原，成为妇女远行之服。羃䍦在敦煌壁画中的形象资料不是很多，第217窟、第321窟中出现了几身戴羃䍦的妇女形象，但画面已非常模糊。

帷帽为高顶宽檐笠帽，帽檐下有一圈透明的轻纱帽裙，和羃䍦相比已经浅露妇女姿容。帷帽在敦煌壁画中多有表现，如莫高窟盛唐第217窟南壁化城喻中有戴帷帽骑马妇女形象（图135）。莫高窟盛唐第103窟南壁化城喻中也有戴帷帽骑马妇女形象（图136）。化城喻大意是讲，从前，有一支商队去远方求宝，沿途历经艰险，有的人不想前进了。领队以神力在前方化出一座城市，鼓励大家继续前进。商队到

图135　莫高窟第217窟　南壁　戴帷帽妇女　盛唐

图136　莫高窟第103窟　南壁　戴帷帽妇女　盛唐

图137　戴帷帽骑马女子俑
新疆吐鲁番阿斯塔那

了城市，众人满心欢喜。领队又施法将城市隐去，以引导众人继续前进。帷帽是妇女远行之服，可以防风沙，防日晒，在这个故事画中出现戴帷帽骑马妇女形象非常符合故事情节。新疆吐鲁番阿斯塔那唐墓中出土过一些女子骑马俑，女子头上戴着帷帽，下垂的纱网保存完好，给我们留下了逼真的唐代帷帽的形象（图137）。

帷帽与羃篱都是胡帽，它们之间的区别是，羃篱障蔽全身和面容，帷帽只遮蔽面容；羃篱衣帽相连，帷帽有帽无衣。帷帽开始流行后，唐代统治者认为妇女戴帷帽“过为轻率，深失礼容”，多次下令禁断，结果却越来越流行。武则天执政时，帷帽大行，羃篱渐息。中宗即位，羃篱匿迹，渐渐连帷帽也被废弃，又兴起了没有蔽面的胡帽。妇女出门远行时“靓妆露面，无复障蔽”“皆胡帽乘马”“露髻驰骋”。一方面反映了唐代武则天时期开放自由的国策，另一方面反映出唐代妇女追求个性解放的心理。这在我国服装史上是一次重要的妇女服装改革。帷帽虽在唐代废之，但没有绝迹，一直延续到五代、宋。敦煌五代第61窟《五台山图》中，有骑马进香者戴帷帽。宋代名画《清明上河图》中的妇女也有骑马戴帷帽者。

开元、天宝后，帷帽虽已废除，但在帷帽的基础上产生了透额罗。

透额罗不需帽衣、帽裙，只需一方透明的黑色罗纱将头发和前额罩住，已失去了帽子蔽面、御寒的作用，仅是一种头饰。莫高窟盛唐第130窟《都督夫人王氏礼佛图》中有三身女着男装、头戴透额罗的侍女（图138）。

图138　莫高窟第130窟　甬道南壁　戴透额罗的侍女　盛唐

吐蕃服饰

吐蕃是公元6世纪前，以西藏高原上的羌族为主，融合和联合其他民族而形成的一个古代民族。吐蕃在公元7世纪中叶崛起于青藏高原，建立了吐蕃王朝。吐蕃首领松赞干布建国之初，因倾慕大唐王朝先进的政治、经济、文化，派遣使团朝贡唐王朝，向唐王朝请婚。唐太宗把宗族女文成公主许嫁松赞干布。此后，唐王朝又多次许嫁公主于吐蕃王，与吐蕃结成舅甥血缘关系。

中唐时期，吐蕃政权占领敦煌，莫高窟变成了敦煌人民精神寄托的圣地。世族大户、官僚文士、汉族僧尼、广大民众抱着不忘先祖、回归大唐的信念，继续在莫高窟营造石窟。此时在经变画、故事画中出现大量吐蕃民族服饰。在此时各国王子礼佛图中的帝王形象被吐蕃赞普所替代。赞普是吐蕃帝王的称号。吐蕃赞普的服饰特点为：大翻领素色左衽长袍，头巾缠冠，蹀躞七事，带刀佩剑，虎皮衣领，长袖及踝，辫发披发，发系珠贝，赭面。莫高窟第159窟东壁及莫高窟360窟东壁（图139、图140），两身吐蕃赞普的形象几乎完全一致，头戴“赞夏帽”，

图139　莫高窟第159窟　东壁　吐蕃赞普　中唐

着白色翻领长袍，一袖垂地，领、袖为虎皮缘边，腰系革带，佩短剑，长袍开衩露出底部绿色红缘的裤子，着黑靴，手持香炉。赞夏帽，为红色头巾缠绕形成的筒形帽子，在红巾扎结处，露出红巾的一角。

图140　莫高窟第360窟　东壁　吐蕃赞普　中唐

莫高窟第158窟是吐蕃初期所开凿营建的一座塑绘合壁的巨型涅槃窟。北壁各国帝王举哀图是表现东南亚、中亚、西域各国帝王、王子、侍臣哀悼释迦牟尼的情景（图141）。图中吐蕃赞普居

图141　莫高窟第158窟　北壁　各国帝王举哀图　中唐

于首位，赞普有圆形头光，头戴赞夏帽，帽外罩着三瓣形王冠，身着团花翻领长袍。吐蕃赞普左侧是汉族帝王，头有圆形头光，头戴冕冠，身着帝王袍服。

“大虫皮”不仅是吐蕃王朝对立功者的一种褒奖，是吐蕃将领武士的军戎服饰，也可能是吐蕃文臣武职、王宫侍卫的一种服饰。吐蕃时期，在各国王子礼佛图中，有许多侍从、文臣身穿虎皮袍、虎皮围裙，以及用虎皮缘领、缘袖的长袍。如莫高窟第231窟各国王子礼佛图中，吐蕃赞普前面两位侍从身穿用虎皮缘领和袖的长袍。赞普身后的一位侍从，头戴用虎皮做的浑脱帽，身穿用虎豹皮做的短袖长袍（图142）。又如莫高窟第360窟各国王子礼佛图中，不仅四位侍从身穿用虎皮缘领

图142　莫高窟第231窟　各国王子礼佛图局部　中唐

图143 莫高窟第359窟 北壁
吐蕃装男供养人 中唐

及袖的长袍，吐蕃赞普亦身穿用虎皮缘领及袖的长袍（见图140）。

莫高窟第359窟北壁绘吐蕃装男供养人一排（图143），均头戴用红色头巾缠裹成的“绳圈冠”，披在面颊两边的头发扎成发髻，垂在耳际。有的身穿云肩式白色大翻领长袍，腰系革带，上系蹀躞，长袍开衩，露出缘边裤子，足穿皮靴，一手持花胸前，一手下垂，宽长的袖子几乎着地；有的身穿红色翻领对襟长袍，腰系革带，不系蹀躞，长袍开衩，露出缘边裤子，足穿皮靴，双手合十。

图144 榆林窟第25窟 北壁
吐蕃贵族服饰 中唐

榆林窟第25窟北壁吐蕃贵族（图144），头戴透额罗软脚幞头，着圆领红袍服，腰系革带。其服饰融合了汉装与吐蕃装的特点。透额罗软脚幞头，透额罗从前额直覆头部，仅头顶仍保留幞头的形状，两软脚垂于头后。

回鹘服饰

在中国历史上，回鹘曾是一个非常活跃的民族。在唐代时，回鹘曾帮助唐王朝抗御突厥、吐蕃的侵犯，出兵平定“安史之乱”，立有战功。唐王朝多次嫁公主于回鹘，回鹘与唐王朝结为舅甥关系，直到宋代忠渝不变，与汉族友好往来。回鹘在我国统一的多民族国家的形成中做出了重要的贡献。今日维吾尔族虽由众多的古代西北民族长期融合而形成，但回鹘是其主要族源。

五代至宋，敦煌曹氏归义军政权为了稳定政权与回鹘联姻。由于曹氏祖孙三代皆与回鹘、于阗结亲，洞窟内留下了大量回鹘族人、于阗人供养人图像。十世纪后期，沙州回鹘建立政权，在敦煌莫高窟、西千佛洞，瓜州榆林窟等石窟中修建了许多洞窟。其中的壁画，尤其是这些洞窟中绘制的大量回鹘供养人画像，既有唐宋遗风，又有西域新风，创造了具有鲜明民族特色的石窟艺术。

回鹘可汗的着装特征是：头戴桃形尖顶高冠，冠后垂带，身穿圆领窄袖团龙长袍，腰系革带，上挂蹀躞，袍侧开衩，足穿白色长靿靴

图145　莫高窟第409窟　东壁　回鹘王　沙州回鹘

子。如莫高窟第409窟，原建于隋代，沙州回鹘时期重修。主室东壁门两侧分绘回鹘可汗礼佛图和回鹘王妃礼佛图。在东壁门南侧回鹘可汗礼佛图（图145）中，回鹘可汗面相浑圆，两眼细长，身材丰厚敦实。头戴莲瓣形高冠，身着圆领窄袖团龙纹长袍，腰间束带，上垂挂解结锥、短刀、荷包，脚穿毡靴，手持长柄香炉礼佛。回鹘王服饰上的团龙纹为身份地位的象征。莫高窟第148窟原建于盛唐，沙州回鹘时期重修。主室甬道南壁尚存回鹘可汗供养像一身（图146）。此身回鹘可汗的衣冠服饰和造型风格，与莫高窟第409窟回鹘王画像基本相同，只是手捧的供品不一样。莫高窟第237窟原建于中唐吐蕃时期，沙州回鹘时期重修。主室

图146　莫高窟第148窟　甬道南壁回鹘王　沙州回鹘

图147　莫高窟第237窟　南壁
回鹘可汗礼佛图　沙州回鹘

甬道南壁回鹘可汗（图147）莲瓣形金冠和袍服上的团龙花纹装饰为浮塑贴金，金粉已被后人刮去。衣冠服饰、人物造型风格均与莫高窟第409窟、第148窟回鹘可汗供养像相似。

回鹘官员的服饰基本相同，主要从冠饰上区别级别高低，身份高的戴三叉冠，次之戴扇形冠，身份最低的戴小毡冠。如榆林窟第39窟原建于唐代，沙州回鹘时期整窟重修。南壁最前面的两身男供养人形体特别高大，身后各有一个执杖的侍从，这两个供养人可能是回鹘高级官员（图148）。第一身男供养人，头戴三叉冠，冠后垂结绶，身着圆领窄袖团花长袍，腰束软硬双带。软带束在腰上，余带垂于腹前；硬带束在软带下面，上挂蹀躞带。双手持长颈香炉，虔诚供养。第二身男供养人，头戴扇形冠，冠后垂结绶，身着圆领窄袖团花长袍，腰束双带，其中位置偏下的一条是蹀躞带。双手捧圆形香炉，虔诚供养。其余男供养人着装基本相同，都着回鹘男性流行的圆领窄袍，腰束带，下穿毡靴。他们可能是比前二身供养人身份较低的官员。

回鹘女装的特点为桃形冠及翻领窄袖袍服。莫高窟第409窟主室东壁门北侧有两身回鹘王妃像（图149），应是东壁门南侧回鹘可汗的王

图148　榆林窟第39窟　南壁　回鹘男供养人　沙州回鹘

妃。两身王妃的面容已不清晰，但服饰保存完好。她们头戴桃形凤冠，冠后垂红结绶，博鬓抱面，耳垂珥珰，内穿圆领衫，外穿弧形大翻领窄袖长袍，袍裾曳地，胳膊上饰有一条水平装饰线，长裙正中有“十”字交叉装饰线。两位王妃均双手袖于胸前，各执一枝鲜花，立于地毯，做虔诚供养状。

图149　莫高窟第409窟　东壁
沙州回鹘王妃供养像　沙州回鹘

除了沙州回鹘时期外，曹氏归义军时期，曹议金为了巩固河西归义军政权，与周边各民族友好往来，以姻亲的手段，加强与周边民族的政治联盟。东边与甘州回鹘结为姻亲，娶甘州回鹘公主为夫人。这位回鹘公主嫁给曹议金后处于第一夫人的地位，她的供养像一般都处于这一时期女供养人画像最重要的位置。莫高窟五代第22、25、55、61、98、100、108、401、428窟和瓜州榆林窟第16窟等洞窟中都绘有她的供养画像。其中瓜州榆林窟第16窟的曹议金夫人回鹘天公主供养像，是敦煌石窟中保存最完好、绘制最精美的一身（图150）。天公主梳回鹘髻，戴桃形凤冠，上插金钗步摇，后垂红结绶；鬓发包面，脸上赭色晕染，额中贴梅花，双颊贴花钿，耳垂珥珰，颈饰瑟瑟珠；身穿弧形翻领、紧口窄袖、红色通裾长袍，肩披巾帛，衣领和袖口上绣以精美的凤鸟花纹，长袍上

图150　榆林窟第16窟　甬道　曹议金夫人　五代

窄下宽，袍裾曳地数尺。天公主双手捧香炉，虔诚礼佛。

曹议金与李氏的女儿远嫁甘州回鹘可汗为妻，亦被称为“天公主”，在莫高窟第55、61、98、100窟中皆有其供养画像。莫高窟第61窟天公主梳高发髻，戴桃形凤冠，上插金钗步摇，后垂红结绶；鬓发包面，脸上赭色晕染，额中和脸上贴花钿，耳垂珥珰，颈饰瑟瑟珠；身穿弧形翻领、红色紧口窄袖通裾长袍，衣领和袖口上饰有精美的凤鸟花纹。天公主双手捧香炉和红带，虔诚礼佛（图151）。

曹议金的女儿嫁给回鹘可汗为妃，和回鹘可汗生了几个小公主，她们的供养像也出现在洞窟中。第61窟东壁北侧有三身供养人，题记为“外甥甘州圣天可汗的子天公主供养”，这就是曹议金的女儿和回鹘可汗所生的小公主（图152）。这几身女供养人的着装和其母的装饰基

图151　莫高窟第61窟　东壁
回鹘公主　五代

图152　莫高窟第61窟　东壁
曹元忠外甥女　五代

本相同，都是头梳回鹘髻，戴镂刻纹饰的桃形金冠，并插发钗和步摇。头后结有红色绶带，颈饰瑟瑟珠，身穿翻领窄袖红袍，领口、袖口都绣有纹饰，脸上贴花钿、面靥。

党项族服饰

西夏是党项族建立的一个封建割据性的国家。党项族是我国古代北方少数民族——羌族的一个支系，汉朝以来就在四川、青海、甘肃、陕西等地的草原、山谷过着游牧生活。五代至北宋时，党项族逐渐强盛起来，成为西北地区的一个强大的割据政权。公元1036年，党项人攻下瓜沙二州，控制、统一了河西全境。公元1038年，党项首领李元昊正式建立西夏国。至公元1227年蒙古成吉思汗灭西夏王朝，西夏党项族统治河西长达190余年。

西夏立国之王李元昊是一个“通晓佛图”的君主，为了达到他成就霸业的目的，除了使用武力之外，便以“浮图安疆”为国策，收服人心，团结国内的汉族、吐蕃、回鹘等民族。此后，西夏的历代君王都遵循李元昊的这一国策，极力提倡佛教，尊佛教高僧为国师，参与国家政治决策；在国内各地开凿石窟，兴建寺院，译经造像，修复古寺，兴办各种佛事活动。西夏统治河西的一百余年间，新建、重修了不少石窟和寺院。

党项首领李元昊率军击败沙州回鹘，攻陷瓜沙二州后，沙州回鹘并没有离开瓜沙地区，西夏党项人也没有真正控制、统治瓜沙二州。攻陷瓜沙两州后的三四十年间，西夏忙于和宋辽征战，无暇西顾，只把瓜沙二州视为自己的领土，对沙州回鹘只是名义上的羁縻，没有驻扎军队、派出官吏进行有效的统治。沙州回鹘仍以一个有军队，有外交、外贸自主权的政权存在，并实际统治着瓜沙二州。从敦煌文献和敦煌石窟题记看，直到公元1068年左右，西夏党项人才彻底推翻了沙州回鹘政权，真正统治了瓜沙二州。

西夏实际统治瓜沙地区后，加强了对这一地区的控制。西夏统治者信奉佛教，在莫高窟、榆林窟、东千佛洞重修和新建了很多洞窟。西夏统治敦煌的早期和中期，耗费了巨大财力、物力、人力来整修前代洞窟，内容布局、绘画技法等都简单粗糙，并没有取得很大艺术成就。直到西夏统治敦煌晚期，才逐渐形成成熟的、具有浓厚民族风格的西夏石窟艺术，其人物形象具有显著的党项族特征。

党项人早期披散头发，用兽皮、兽毛做衣服。党项族内迁后，与中原王朝频繁接触，汉族服饰已广泛被党项族所接受。元昊即位时，为了突出民族特色，下令秃发，改大汉衣冠，并规定了文武官员及平民的服饰。文官戴幞头，穿绯衣或紫衣，执笏板，穿靴。武官首服，按材质可分为金冠、银冠和黑漆冠等；按式样可分为起云镂冠和不起云镂冠两种。衣服分朝服和便服，朝服是加襕袍衫，服色有绯、紫两种；便服是绣有“盘球子”纹饰的紫皂色袍衫，同时腰上束带，佩各种饰物等。西夏后来的几代皇帝十分仰慕汉族文化，在国内推行“汉礼”。其中就包括吸收中原汉族的衣冠服饰形制。西夏在保持其民族特色的基础上，吸收汉族服饰形制，衣冠服饰制度更趋完善。这时皇帝和皇后的服饰已很接近中原宋皇室。如西夏已借鉴了中原王朝帝王专用的黄色龙袍，“十二章”纹饰制度，皇后等皇族妇女的凤凰样头饰。

敦煌石窟中唯一出现着西夏帝王服饰的人物形象，可能是瓜州东千佛洞西夏第2窟南壁水月观音图中观音菩萨右下方一组人物中的帝王（图153）。他头戴通天冠，身穿宽袖长袍，腰系绶带，手执香炉，正面而立。

图153　东千佛洞第2窟　水月观音局部　西夏

图154　榆林窟第29窟　南壁　男供养人　西夏

西夏官吏服饰分武官服饰和文官服饰。武官服饰具有本民族的服饰特点，而文官服饰和唐宋时期文官的服饰相似。在敦煌石窟供养人画像中保存有绘制精美、形象完好的西夏武官服饰资料。

瓜州榆林窟第29窟南壁门东侧有西夏国师说法图一铺（图154），国师身后绘有男供养人三身。根据西夏文题记译释，第一身是沙州监军使赵麻玉，第二身是内宿御史司正统军使赵祖玉，第三身是御宿军赵讹玉。第二身和第三身是第一身赵麻玉的儿子，他们都是西夏武官。第一、二身，均头戴略带尖顶的起云镂冠，冠后垂带，穿圆领窄袖襕袍，腰围有黑色宽边的抱肚，抱肚上有花纹，抱肚由宽带连接，宽带

图155　榆林窟第29窟　东壁　文殊变局部　西夏

束在腹前，并下垂与袍齐，另束革带，脚蹬尖头黑靴。第三身头戴黑冠，无云镂装饰，冠后垂带，身穿窄袖红色圆领袍，不加襕，束革带，腰间无抱肚。此身与前两身冠服略有不同，但不像一般士兵，可能也是武官，只是级别比前两身略低。这些武官服饰中出现了抱肚，这是一种很有特色的戎服。抱肚最早出现在唐代后期，成半圆形围于腰间。初期一般都束于铠甲之外，其作用可能是为了防止腰间佩挂的武器与铁甲因碰击、摩擦而相互损坏，或发出响声影响军事行动。后来在戎服外也束抱肚，成为戎服的一种装饰，并一直沿用到明代。

瓜州榆林窟第29窟东壁中间绘有一幅具有西夏艺术特色的文殊变，在文殊菩萨右侧画一身头戴云镂冠，冠带系颌下，面相丰圆，浓眉大眼，隆鼻厚唇，身穿圆领长袍，腰间缠抱肚的侧面像，似为帝释梵天的侍从或卫士。这位侍从的形象应是西夏党项族武官形象的写照（图155）。

榆林窟第2窟，主室西壁门北侧水月观音图下方存西夏男女供养人（图156）。男供养人头戴毡冠，身穿交领右衽袍，腰有抱肚，腰束蹀躞带，足蹬乌靴。与榆林窟第29窟南壁东侧的男供养人画像相同，可能也是西夏武官。

图156　榆林窟第2窟　西壁门北　男女供养人　西夏

西夏文官服饰的形象资料没有武官的丰富，绘制也不精美。在肃北五个庙石窟供养画像中有西夏文官形象。另外，在其他地区发现的西夏文物资料中也有几幅文官画像。其服饰和唐宋代时期的文官服饰大体相似，没有明显的党项民族特点。

西夏贵族妇女的服饰非常精美，具有鲜明的民族特点。榆林窟第29窟南壁门西侧有两层女供养人（图157），均双手合十，做持花供养之状。女供养人头戴四瓣莲蕾形金珠冠，将高髻罩住，额上、两鬓、脑后头发露出冠外。冠有黑色、红色、粉红色等，冠檐及冠梁均有金

图157　榆林窟第29窟　南壁　女供养人　西夏

珠装饰，冠右后侧伸出一支花钗，耳垂耳坠。她们均身着交领右衽窄袖开衩袍，领口镶联珠纹或忍冬纹花边，袍有紫、红、绿、粉红等不同颜色，上面有不同形状的团花纹样。袍内系细裥百褶裙，裙两侧和前方垂绶带。裙长及脚踝，脚露裙外，穿尖钩鞋。这些女供养人身材修长，面相丰圆，形象丰腴而又挺拔、健美，实为西夏贵族妇女的写照。

西夏贵族妇女还戴一种桃形花冠。例如榆林窟第2窟西壁门南侧水月观音图下有女供养人数身（见图156），她们头戴桃形冠，冠左右插步摇，耳垂耳坠，颈挂念珠，穿交领右衽窄袖开衩长袍，内衬中单，下穿百褶长裙，裙左右两侧佩绶带，前方绅带双垂，脚穿尖钩鞋。

党项人早期的发型是披发，李元昊统治时期下令秃发。西夏党项族的秃发，并不是将头发全部剃去，而是只剃去头发的某一部分，有多种式样。据《资治通鉴长编》记载："元昊初制秃发令，先自秃发，又令国人皆秃发。三日不从令，许众杀之。"李元昊"先自秃发"，又令国人秃发的目的有二：一是李元昊自称他的家族是北朝王族拓拔鲜卑的后裔，而鲜卑族是秃发的，他想以此证明自己是王族之后，为实现霸业称王做准备；二是要突出表现他的国民习俗要有别于中原汉族的习俗。李元昊下秃发令后，西夏臣民无论老少皆秃发。只是官员形象大多戴冠，因此看不出其发式，只有在侍从和一般人物形象中才可以看到秃发的例子和秃发的各种样式。

瓜州榆林窟第29窟南壁门东侧三身武官供养人像后，画三身少年侍从像（见图154），后两身侍从的发型是党项族秃发的一种样式。第一身侍从头发于额前上方挽髻，用绸带系扎，直竖头顶。身着圆领窄袖袍，袍的前后摆提起，扎于腰带之下，下着紧身长裤，足蹬麻鞋，肩负

图158　榆林窟第29窟　南壁东侧
少年供养像　西夏

长杆。第二身侍从为髡发，头顶和脑后的头发剃去，只留前额及两侧的头发，两侧鬓角处各留一绺头发下垂。身着圆领窄袖袍，前后摆提起扎于腰带下，下穿窄裤，膝下裹行縢，足蹬麻鞋，臂中夹一包袱。第三身侍从发式和服饰与第二身相同。不同之处，只是衣袍的下摆自然下垂，而没有提起扎于腰带之下，足蹬尖形皂靴，双手捧一包袱。

榆林窟第29窟三身武官供养画像的第三身画像前面，有一少年供养像（图158）。这身供养像是后来画在纸上贴上去的。其头前面有墨书西夏文题记，汉文译释为“孙没力玉一心皈依”，可知他是窟主人赵麻玉的孙子。其身穿圆领窄袖长袍，腰系布带，足蹬靴子，双手合十，做供养状。前额和头的两侧角留发，梳成小辫子绕到脑后，再用带子系扎成双环形，头顶和脑后的头发全部剃去。这是西夏人秃发的又一种发式。

蒙古族服饰

蒙古军西征东还之后，成吉思汗亲率十万大军攻打西夏。1227年，蒙古大军攻破沙州。成吉思汗将敦煌隶于八都大王（成吉思汗的长孙拔都）的管辖下。至元十三年（1276年），忽必烈将敦煌收归中央政府直接管辖，在此复置沙州。在蒙古帝国和元朝统治时期，敦煌在中西交通中仍占有重要地位。但此时敦煌的地位已远不能与汉唐时期相比。敦煌已失去作为经营西域的基地的作用，不能像汉唐之时那样成为对整个西北地区甚至国都安危都有重大影响的边防军事重镇，而只能成为河西通道上的一个补给站。

元代统治者为了统治全国各族人民的需要，从中国历代封建统治阶级的思想武器中，借来了三大思想武器——儒、道、释，搞“以佛活心、以道治身、以儒治世”的所谓“三教平心”。所以元代统治者对佛教特别尊崇，尤其尊奉藏传佛教。由于统治者的倡导和带领，佛教在这一时期仍然受到敦煌各族人民的信奉，莫高窟的开窟造像活动也仍在断断续续地进行。此后，随着元朝的灭亡，敦煌历史和莫高窟艺术进入了更加惨淡的时期。

元代敦煌石窟中绘制的供养人画像很少，仅在莫高窟第332窟、第61窟，榆林窟第3窟、第4窟、第6窟保留有数十身着蒙古族服饰的人物形象。这些人物形象比较小，无法将供养人的服饰描绘得很精细，而且保存状况不好，很多都已漫漶，现存的能看清服饰的供养人像并不很多。从这些壁画中只能看到蒙古族服饰的基本样式。

蒙古族服饰的基本款式是袍服，人们不分贵贱都穿袍服，身份和贫富差异表现在服饰的质地、颜色、图案等方面。蒙古族男子的袍服又分为质孙服、辫线袄、比肩几种。质孙服的形制是上衣连下裳，但衣式较紧窄且下裳较短，大都在衣的肩背胸间贯以大珠作饰。质孙服的特点是轻便实用、华丽美观。质孙服本为军服，便于乘骑，后演变成为蒙古宫廷宴会的礼服。这种礼服必须是衣、帽、腰带配套穿戴，并且在衣、帽、腰带上饰有珠翠宝石，做工精细，按身份、地位严格区分。辫线袄，《元史》载："辫线袄制如窄袖衫，腰作辫线细褶。"辫线袄形似质孙服，不同之处是，辫线袄腰间有多条横线，这些横线是用丝线制成辫线缝在腰间，既用作装饰，又用以束腰。辫线袄面料多采用织金锦等丝绸物，一般为右衽交领式，上身短窄，腰间紧束，下裙有多道细裥。这样的袍服十分便于骑射，所以深受元代武官、随从侍官的喜爱。比肩是蒙古族服饰中具有代表性的衣饰，在元代非常流行。它是一种右衽交领半袖长袍，其长度略短于蒙古长袍，往往套穿在长袍外面，腰间束带。贵族穿的比肩，往往以色彩鲜艳的丝线刺绣各种花纹，显示其身份和地位。比肩实用保暖，同时又兼具装饰性。

蒙古族男子的发型是髡发、辫发。许多少数民族都有髡发的习俗。

髡发简单地说就是剃发，至于剃成哪种具体样式，每个民族各有特点。元代的一些史料中有很多关于蒙古族发型的记载。“婆焦”是剃去头顶上一弯头发，留前发，剪短，散垂于额前，留下的其余头发分左右辫成两条、三条或更多小辫子，然后把小辫子折成髻垂在两肩上。另一种是环剃去顶上一弯头发，不留前发，把留下的其余头发分左右辫成两条、三条或更多小辫子，然后把小辫子折成髻垂在两肩上。还有一种是环剃去头顶上一弯头发，留前发，剪短，散垂于额前，把其余头发拢在脑后合辫成一条辫子，垂在后背。

帽冠是服饰的重要组成部分。蒙古族男子“冬帽夏笠”。冬帽即暖帽，一般冬季使用，是一种用珍贵皮毛制成的暖额帽。多采用黑貂、青鼠等贵重皮毛制成，也有用金锦制成的。暖帽有皮暖帽、后带帔皮暖帽、后带帔金锦金答子帽、尖顶皮暖帽等样式。笠帽，一般夏季使用，是一种圆檐斗笠形帽，因为形状像钹，所以叫钹笠。笠帽顶上大多装饰珠玉宝石，从这些珠玉宝石的质地和数量可以判断主人的身份地位。钹笠有钹笠冠、带缨钹笠冠、后带帔钹笠冠、后带帔宽檐钹笠冠等样式。

蒙古族男子一般都穿皮靴。蒙古靴的种类，主要有云头靴、翁靴、鹅顶靴、鹄嘴靴、高丽式靴、毡靴等。蒙古人还有在靴靿上缚靴套的习惯，其功能是为了保护小腿和膝盖，而且还有装饰作用。

敦煌壁画中没有出现元代帝王的形象，但存有元代贵族、官吏、侍从的形象。例如，莫高窟第332窟有蒙古族供养人像，其中男供养人像有五身，前三身形体较大，处于尊位，后两身是侍从。第一身男供养人手持香炉，头戴笠帽，后垂帔巾，耳侧有挽成几环的辫发，身着交领右衽窄袖绿色长袍，袍的肩部绣有纹饰，脚蹬高靿毡靴，腰束带。

第二身男供养人双手合十拈鲜花，头戴宽檐笠帽，后垂帔巾，身穿红褐色长袍，外套绿色比肩，腰束带，足蹬靴。第三身男供养人双手合十做礼拜供养状，头戴笠帽，后垂帔巾，身穿绿色长袍，外套红褐色比肩，腰束带，足蹬靴。后面的两身侍从头戴笠帽，身穿褐色交领右衽窄袖长袍，足蹬靴（图159）。

榆林窟第3窟甬道北壁现存蒙古族男供养人画像中有一位年轻的蒙古族官吏的形象（图160）。他魁梧健壮，眉清目秀，双手合十，虔诚

图159　莫高窟第332窟　甬道南壁　男供养人　初唐

图160　榆林窟第3窟　甬道北壁　男供养人　元代

图161　榆林窟第6窟　前室西壁　蒙古贵族　元代

礼佛。他头戴笠帽，帽顶饰羽毛，辫髻垂于两肩，内穿窄袖长袍，外套比肩，足蹬长靿靴。

榆林窟第6窟前室西壁绘有蒙古贵族夫妇形象（图161）。男女供养主坐在莲花座上，衣饰华美，应该是蒙古族贵族人物。男者头戴莲花冠，耳后垂辫，内着窄袖质孙服，外着短比肩。夫人头戴罟罟冠，着交领右衽宽袖大袍，均为蒙古族典型的服饰。两侍从均头戴笠帽，耳后垂辫髻，着右衽交领窄袖袍，抄袖而立。

蒙元时期蒙古族妇女同蒙古族男子一样均穿长袍，其形制大体与传统蒙古袍相同，没有太大的区别，只是贵族妇女的袍服更显宽大，曳地，类似中国的道服、鹤氅之类，颜色和面料亦更为讲究。这种长袍是贵妇的礼服，一般为右衽，亦有左衽。常用织金锦、丝绒或毛织品制作，喜欢用红、黄、绿、茶、胭脂红、鸡冠紫、泥金等色。这种宽大的袍式，汉人亦称它为“大衣”或“团衫”。蒙古族妇女除穿传统袍服外，还穿其他服装，主要有对襟短衫、比肩和云肩。里面亦穿长裤和短衫。对襟短衫的形制是直领对襟，半袖，短至腰部，一般穿在窄袖长袍外面。蒙古族妇女同蒙古族男子一样均有穿比肩的习惯，男女比肩服的形制是相同的。

罟罟冠是蒙古族妇女最具特色的一种冠饰（图162、图163）。“罟罟”译自蒙古语，有不同的写法，如顾姑、故姑、罟姑、故故、固姑、姑姑等。它是蒙元时期蒙古族已婚妇女特有的一种高耸的帽冠，一般以铁丝、桦木、柳枝为骨架，外面裱绢布，装饰各种金箔珠花。冠顶插细枝若干，并饰有翠花、绒球、彩帛、珠串、孔雀毛等，行动时飘

图162　元世祖皇后彻伯尔像

图163　中国私人收藏元代罟罟冠实物

舞摇曳。蒙古族传统的罟罟冠，进入元代以后，仍然在宫廷和蒙古族贵族妇女中流行。元代罟罟冠的佩戴方法发生了很大变化。由于蒙古族入主中原以后，生活环境发生变化，兜帽防风沙的实用功能渐渐失去作用，罟罟冠更加注重装饰。蒙古族妇女基本上都是穿靴子，贵族妇女喜欢穿红色靴子。

敦煌壁画中有几身蒙古族妇女的形象，虽然画面不是很清楚，但也能看出服饰的基本式样。如莫高窟第332窟中有一组女供养人像，其中形体比较高大的是女供养主画像，这两身女供养人服饰相同，头戴红色罟罟冠，身着红色右衽交领宽袖长袍，袍身非常宽大，足穿靴，双手合十，持鲜花供养。这两身应是蒙古族贵族妇女。在第一位贵族妇女的身前站立一小人持花供养，头戴笠帽，身穿红褐色长袍，外套绿色比肩，腰束带，足蹬靴，可能是这位女供养人的儿子。这位女供养人的袍裾非常宽大，身后有一个侍从将其提起。第二身贵族妇女身

图164　莫高窟第332窟　甬道南壁　女供养人　元代

图165　榆林窟第4窟　西壁南侧　女供养人　元代

后也立有一人，身穿右衽交领窄袖长袍，足穿靴，可能是侍从（图164）。

榆林窟第4窟有一组蒙古族供养人像，共四人。其中第一身、第三身服饰相同，头戴罟罟冠，身穿右衽交领宽袖袍，下摆比较肥大，是蒙古族贵族妇女的形象。其他两身可能分别是上述两身女供养人的子女或侍从，第一身女供养人身后为一女子，未戴罟罟冠，好像戴兜帽，着右衽交领窄袖长袍，外套比肩；第二身女供养人身后为一男子，头戴笠帽，身着右衽交领窄袖长袍（图165）。

各国民族服饰特展

——万邦来朝的盛世场景

唐代初年，丝绸之路畅通无阻，我国西北各族与内地的往来，中亚、西亚各国与唐朝在经济文化上的交流日益频繁，所以在敦煌壁画中留下了大量活跃在丝绸之路上的各国、各民族的人物形象。这些壁画中比较集中表现各国、各民族人物的是维摩诘经变中的“各国王子礼佛图”，如莫高窟初唐第220窟，盛唐第194窟、第103窟的维摩诘经变。这些人物大多是来自西域、中亚、西亚、东亚、南亚等各国的王子和使臣。各国王子和使臣都身着具有该民族特色的服装。因为敦煌地区民族关系非常复杂，加上文字记载的匮乏，以及敦煌壁画多有模糊和残损，因此很难从服饰上把这些人物的属国一一辨别清楚。

莫高窟初唐第220窟的各国王子礼佛图（图166），最前面的两身人物肤色较黑，上身裸露，深目大鼻卷发，斜披巾，下着短裤，跣脚，耳垂珥珰，项饰璎珞。这应是南海热带地方人物。在这两身之后并排站立五人。左侧的可能是波斯王子，深目大鼻，头戴织锦浑脱帽，两耳垂珥珰，着圆领锦袍，外披深色毡袍，足蹬乌皮靴。据史载，波斯

图166　莫高窟第220窟　东壁门南　各国王子礼佛图　初唐

服饰的一大特点是在袍服边缘加上用羊毛、蚕丝、细麻织成的提花织物，纹样丰富，使袍服更显富丽华贵。中间的应该是高句丽王子，头戴一个小冠，冠上插有两支羽毛，着素色裙襦，面容与中国人相似。这个人物右侧有两人，除了没有戴冠，服饰面容与上述人物相似，可能是高句丽王子的陪臣。

莫高窟第103窟东壁门南侧绘有各国王子礼佛图（图167）。前两人似为来自南海地区的王子，上身袒裸，披长巾，着短裤，赤足，戴项饰、臂钏和足钏。旁边有一人，服装相似，但是装饰简陋，可能是

图167　莫高窟第103窟　东壁门南
各国王子礼佛图　盛唐

两个王子的侍从。其后多为中亚、西亚王子，都是深目高鼻，大多着翻领或圆领袍服，头戴各种各样的毡帽，足蹬皮靴。

莫高窟第194窟中的各国王子礼佛图（图168），最前面的人物是来自南亚的王侯，左右各有一个侍从扶持，这个王侯梳椎髻，上身披巾，披巾很大，基本将上身完全遮盖，下着短裤，赤足戴脚钏。侍从头梳圆髻，上身裸露，披巾，下着短裤，赤足戴脚钏。随后三个人物，都是肤色黝黑，深目大鼻卷发，耳垂珥珰，项饰璎珞，上身裸露，斜披巾，下着短裤，跣脚带脚钏。中间应是来自南海的王侯，左右各有一个侍从扶持。后面的众多人物应该是东亚、中亚、西亚和西域各国王子，他们均着袍

图168　莫高窟第194窟　南壁　各国王子礼佛图　盛唐

服，有的是窄袖，有的是宽袖，衣领有翻领、圆领、交领等各种样式，王子各自戴本民族帽冠，有插羽毛的冠，也有各种毡帽、缠巾。

中唐时期，莫高窟第158窟北壁各国帝王举哀图用宏大的画面表现了东南亚、中亚、西域各国帝王、王子、侍臣哀悼释迦牟尼的情景。除了吐蕃赞普、侍臣和中原帝王，画面中都是其他各国、各民族的帝王、王子、侍臣（见图141）。画面也集中展示了各国、各民族的服饰特点。据有关学者考证，吐蕃侍臣的左侧，有一身人像单腿跪地，左手握鼻，右手持刀割鼻，鼻很长。他身穿交领左衽窄袖袍服，腰系革带，头上扎白色长巾，长巾于脑后扎节，垂于脑后。“白练裹额后垂”应是突厥人的习俗。在举哀图的中部有一人，持刀割耳，身穿圆领窄袖袍，耳垂很大的耳环。最有特色的是他的冠饰，黄色的小冠上身穿三叉形的装饰物，冠后垂饰带。这种冠饰和吐鲁番柏孜克里克石窟中的高昌回鹘贵族的头冠有些相似，所以这个人物可能是回鹘人。图中上部有一人，衣服被前排遮挡，只有头部。他头戴一个小冠，冠中插了三支羽毛，这应该是高句丽人。图中有一人肤色深，头戴箍状金冠，卷发披肩，耳垂耳环，颈饰项圈；吐蕃赞普的身后有一人也戴金箍，这两个人应是来自南海诸国。图中还有几身戴毡帽的，其中有一人头戴卷檐毡帽，帽顶和帽檐角尖有花纹装饰；还有一身头戴锦帽，这些应该是北方少数民族。北方民族由于御寒的需要，常用厚重的毡子做帽子，所以还不能确切判断他们是哪个民族。总之，这幅举哀图生动地表现了吐蕃、回鹘、高句丽以及中亚、西亚、南亚等民族的人物形象，也从侧面反映了当时敦煌地区与各族人民的交流，体现了敦煌作为中西文化交流枢纽的重要地位。

除了在各国王子礼佛图和各国王子举哀图中集中表现各国、各民族人物，在其他经变画中也有很多西域、域外民族人物形象。他们都穿着各自民族的特色服装，其中最显特色的就是各民族特有的冠帽，有锦帽、尖顶毡帽、卷檐毡帽等。

莫高窟第45窟南壁观音经变中的“胡商遇盗图”中有六位高鼻深目、满腮胡须的胡商，牵驼赶驴行走在深山峡谷中（图169）。他们有的头戴高尖顶白毡帽，有的用布缠巾，身穿或红或绿或白的窄袖长袍，足蹬乌皮靴。他们大约就是来自西域、中亚的粟特或波斯商人。他们长期把中国的丝绸转运到西方各国，又把西方各国的珍宝、香料等转运到中国。这幅胡商遇盗图真实生动地反映了当年在丝绸之路上，西域胡商遭遇强盗拦路抢劫的情景，是历史真实的写照。

图169　莫高窟第45窟　南壁　胡商遇盗图　盛唐

值得一提的是中唐时期出现了大量“昆仑奴”的形象。所谓“昆仑奴”是来自南海一带的劳苦人民。敦煌壁画中昆仑奴形象主要出现在维摩诘经变、普贤变、文殊变中。他们是文殊菩萨的驯狮奴和普贤菩萨的牵象奴，还有头顶香炉、手捧花盘的奴仆。莫高窟第159窟中的普贤变和文殊变中就有“昆仑奴”形象。榆林窟第25窟西壁南侧的普贤变和西壁北侧的文殊变中都有中唐时期绘制的昆仑奴形象（图170、

图170　榆林窟第25窟　西壁北侧　文殊变　中唐

图171　榆林窟第25窟　西壁北侧　普贤变　中唐

图171)。文殊变中的驯狮黑人双手紧拉缰绳，咬紧牙关，正使足全力勒住文殊菩萨骑着的一头圆睁双眼、大张洞口、昂首翘尾、迈着矫健步伐的青狮。普贤变中的牵象黑人举手扬杖，牵着普贤菩萨座下那只身体庞大、性情温和的白象，迈着缓慢的步伐，悠闲自在地向前行走。这两个黑人的神情各异，动作不一，但他们黑发曲卷、肤色棕黑、浓眉大眼、厚唇白牙、耳坠大环、胸饰瓔珞、身躯健壮、裸露上身、下着短裤的相貌和今日的非洲黑人完全相同。

因为以张议潮为首的世族子弟率领敦煌各族人民起义，推翻了吐蕃政权，驱除了吐蕃统治者，收复了河西十一州，张氏归义军时期的各国王子礼佛图，不再突出吐蕃赞普的地位，基本沿袭唐前期的模式。莫高窟第9窟北壁维摩诘经变中的“各国王子礼佛图”，其中吐蕃王子的形象和吐蕃时期壁画中的吐蕃赞普画像基本相同，头戴红色“赞夏帽”，头发披在两鬓，用红线扎髻，垂于耳际，项饰红色瑟瑟珠，内穿绿色衬衫，外穿白色翻领长袍，腰系革带，长袍开衩，露出绿色红边的裤子，足穿黑靴。其身后跟一侍从，双手捧槐盘，头戴黑色浑脱帽，项饰瑟瑟珠，内穿绿色翻领长袍，外套黑色短袍（可能是虎皮短袍，因变色已漫漶不清），腰系革带，佩挂长剑。在吐蕃赞普旁边有一个人物，头戴小冠，冠上身穿三叉形装饰物，冠后垂饰带。这种冠饰和吐鲁番柏孜克里克石窟中的高昌回鹘贵族的头冠有些相似。所以这个人物可能是回鹘人。图中还有一人，头戴小冠，冠中插了三支羽毛，这应该是高句丽人。图中还有几身戴毡帽的，其中有一人头戴卷檐毡帽，帽顶和帽檐有花纹装饰；还有一身头戴宝相花纹锦帽，这些应该是北方少数民族。（图172）

图172　莫高窟第9窟　北壁　各国王子礼佛图　晚唐

曹氏归义军时期，维摩诘经变中的“各国王子礼佛图”布局和前代大致相同。莫高窟第61窟东壁北侧有一幅各国王子礼佛图（图173），最前面的几身人物肤色较黑，上身裸露，深目大鼻卷发，斜披巾，下着短裤，跣脚，耳垂珥珰，项饰瓔珞。应该是南海热带地方人物。后面的众多人物应该是东亚、中亚、西亚和西域各国王子，他们均着袍服，有的是窄袖，有的是宽袖，衣领有翻领、圆领、交领等各种样式。王子帽冠，或为插羽毛的冠，或为各种毡帽、缠巾。其中有一身吐蕃王子，头戴较低的红色的“赞夏帽”，身穿红色翻领长袍。图中部有一人，头戴冠，冠中插了四支羽毛，应该是高句丽人。后排还有一个人，头戴小冠，冠上端穿三叉形装饰物，冠后垂饰带，可能是回鹘人。其他的人物不能一一确定他们的属国。

莫高窟第98窟东壁也有一幅维摩诘经变，维摩诘坐在方帐中，帐

图173　莫高窟第61窟　东壁北侧　各国王子礼佛图　五代

侧画听法的各国王子。前行一组人物是来自南亚的王侯，左右各有一个侍从扶持。王侯梳椎髻，上身披巾，下着短裤，赤臂上戴臂钏和手镯，赤足戴脚钏。侍从头梳圆髻，上身裸露，披巾，下着短裤，赤臂上戴臂钏和手镯，赤足戴脚钏。随后三个人物，都是肤色黝黑，深目大鼻卷发，耳垂珥珰，项饰瓔珞，上身裸露，斜披巾，下着短裤，跣脚带脚钏。中间一组应是来自南海的王侯，左右各有一个侍从扶持。后面的众多人物应该是东亚、中亚、西亚和西域各国王子，他们穿各种样式的袍服，戴本民族帽冠。（图174）

图174　莫高窟98窟　东壁　各国王子　五代

服饰图案

——服饰染织的发展成就

服饰图案是指绘于服装上的彩绘纹饰，它生动地反映了纺织业的发展和社会风尚的变迁。敦煌服饰图案包括塑像服饰、供养人服饰、经变画人物服饰。一般来说，塑像、供养人画像形体较大，服饰图案比较细致；经变画人物形象较小，服饰图案比较简略。北朝时期服饰图案非常简单，随着社会的发展，服饰图案也进一步向繁缛、华丽发展，变得更加丰富多彩。敦煌的服饰图案反映了一千多年来中国服饰、染织等装饰艺术的发展和成就，也反映了丝绸之路上的经济、文化交流情况。

北朝的服饰大多简朴，服饰图案都很简单。这是因为当时的纺织业还不发达。而且在早期石窟中，供养人画像画得很小，很简单，还不能表现出复杂的服饰图案。我们只能从当时的塑像中看到较为细致的服饰图案。北朝石窟中的服饰图案主要有忍冬纹和几何纹。忍冬纹是一种传统纹样。忍冬是一种藤生枝蔓形植物，又称“金银花”，一般多在三月开花，花色为黄色、白色，因不畏寒冷，所以叫作“忍冬”。忍冬纹是将忍冬花瓣艺术化，用其正、反、侧的形象，进行有规律的

图175　刺绣佛像　甘肃敦煌莫高窟出土　北魏

变化组合，这是南北朝时期非常盛行的图案，并历代相传。1965年，敦煌莫高窟出土了一件北魏刺绣品，上面的供养人身穿长袍，袍上的花纹就是忍冬纹（图175）。

几何纹样是北朝时期出现最多的纹样，其以抽象的点、线、面构成，形式简单。此时的几何纹样主要为各种菱形纹和回形纹。1959年，著名学者常沙娜、黄能馥、李绵璐教授赴莫高窟考察时，在现场临摹整理了大量服饰纹样，是极为珍贵的资料。这里列举北朝时期的几个服饰纹样实例：莫高窟第285窟西魏彩塑天王服饰圈点纹（图176），莫高窟第254窟北魏壁画人物披肩巾饰忍冬几何纹（图177），莫高窟第285窟西魏彩塑观音腰带饰几何纹（图178），莫高窟第275窟北魏彩塑菩萨背后装饰巾饰几何纹（图179），莫高窟第428窟北周天王上衣饰回形纹（图180）。

图176　莫高窟第285窟
彩塑天王服饰圈点纹　西魏

图177　莫高窟第254窟
壁画人物披肩的忍冬几何纹　北魏

图178　莫高窟第285窟
彩塑观音腰带几何纹　西魏

图179　莫高窟第275窟
彩塑菩萨背后装饰巾几何纹　北魏

图180　莫高窟第428窟　天王上衣回纹图案　北周

隋代服饰的纹样展现出多姿多彩的新风。隋代服饰图案的风格承上启下，由十六国时期的朴实简约逐渐向盛唐的华丽繁复过渡，图案的题材形式更为丰富，并逐渐开始表现服饰的面料和质感。这主要有三个原因：一是纺织技术的发展。隋代时中国的纺织、印染技术已经十分成熟，丝绸上已能纺织、印染出十分精美的纹样图案。二是国家统一，南北经济、文化得到了交流。中原、南方精美的丝绸织品和服饰样式流行北方。三是丝绸之路畅通，中外贸易兴盛，东西文化得到了交流。许多西域地区的锦缎纹样和服饰样式，在丝绸之路沿途传播。

北朝时期出现的忍冬纹、山形纹、回形纹、菱形纹等服饰纹样，隋代时在佛、菩萨、弟子、天王彩绘上继续使用，在个别供养人画像上也有使用。如莫高窟隋代第427窟彩塑观音披肩巾上饰有忍冬莲花纹（图181）。几何纹是隋代服饰上出现最多的纹样。十六国北朝时期菩萨服饰上的几何纹在隋代得到了极大的发展。各种菱形纹和回形纹在隋代时大量出现在佛像的衣饰上。此时的菱形纹，一种为结构单纯的菱形纹样，内部填充简洁的色块或线条。这类菱形纹主要出现在菩萨的长裙上。如莫高窟第427窟、第292窟中的几身菩萨长裙上就出现此类菱形纹（图182）。第二种菱形纹结构复杂，元素多样。菱形纹骨架多用长串的联珠绘成，配色丰富鲜艳，菱形骨架内装饰花朵、凤鸟、联

图181　莫高窟427窟
彩塑观音披肩巾忍冬莲花纹　隋代

珠等纹样，如菱格狮凤纹、联珠菱花纹、菱格联珠朵花纹等，充分体现了多元文化的融合。

图182 莫高窟第427窟彩塑菩萨裙子图案 隋代

莫高窟隋代第427窟彩塑菩萨锦衣上绘有联珠纹图案（图183）。有的是凤鸟联珠纹，由联珠线条构成菱形，中心绘一只凤鸟，菱形上下两角对称地绘忍冬纹（图184）。有的是联珠菱花纹，由联珠线条构成菱形，中心绘莲花，四角对称地绘忍冬纹。这是一种中西结合的联珠纹样。莫高窟隋代第424窟彩塑菩萨锦衣上绘有联珠菱花纹，由联珠线条构成菱形，中心绘圆形联珠纹，圆内绘莲花，菱形上下两角对称地绘忍冬纹（图185）。

图183 莫高窟第427窟彩塑菩萨凤鸟联珠纹锦上衣图案 隋代

图184 莫高窟第427窟彩塑菩萨联珠菱花纹 隋代

图185 莫高窟第424窟彩塑菩萨联珠菱花纹 隋代

隋代最有特色的服饰纹样是各种联珠纹。联珠纹原盛行于中亚、波斯等地，早在南北朝时代，波斯锦已传入中国。新疆吐鲁番地区阿斯塔那的北朝墓中出土过各种联珠锦。莫高窟在隋代中晚期才有联珠纹出现。这可能是因为隋统一全国后，特别是隋炀帝加强与西域各国联系，联珠纹才从西域传入中原，而敦煌是通往西域的“咽喉之地”，所以这一时期敦煌壁画中出现了大量联珠纹图案。

敦煌隋代中晚期出现的各种联珠纹，是受到来自中亚、西域地区波斯纹样的影响，并结合各种传统的忍冬纹、几何纹而产生的。联珠中以凤、鸟、猛虎、狮子、大象、翼马、花卉等为装饰图案，生动活泼，栩栩如生。图案命名也很生动，如狩猎联珠纹、联珠团花纹等。隋代联珠纹主要彩绘在菩萨衣裙上，而且描绘得十分精致，个别供养人服饰上也有描绘，但不精致。

图186　莫高窟第420窟
联珠狩猎翼马纹　隋代

莫高窟隋代第420窟西壁佛龛两侧彩塑菩萨锦裙上绘有联珠纹图案。其左侧菩萨锦裙上的图案是：由联珠构成圆环，圆环中心绘骑在大象上的骑士手执武器和迎面扑来的猛虎搏斗，或绘翼马飞驰图。武士训虎图与翼马飞驰图以对角线对称，组成四方连续图案（图186）。此联珠纹图案的中亚、波斯风格比较浓厚。

莫高窟第390窟北壁下层男供养人行列东侧有两身头戴尖顶毡帽，身穿圆领窄袖锦袍，腰间系带，下

图187　莫高窟第390窟　北壁　男供养人　隋代

着裤子，足蹬靴子的供养人。这两个供养人锦袍上绘有联珠纹，但是比较粗糙。其中一身锦袍上的纹样是圆环联珠纹，另一身锦袍上的纹样是兽鸟联珠纹。从服饰样式、纹样上可知，这两身供养人可能是西域贵族或是穿西域胡人服饰的隋代贵族（图187）。

唐代的纺织业迅猛发展，服饰种类繁多，工艺精湛，花色艳丽。敦煌石窟唐代壁画和彩塑上反映的服饰图案非常丰富。除了传统的几何填花纹、忍冬纹、窠花纹等，又出现了很多新的纹样，如卷草纹、葡萄纹、对狮纹、宝相花纹、团花纹等。古代工匠把各种自然形态的植物、动物形象加以提炼变化，组合成各种具有装饰美的纹样。唐代的卷草纹是把牡丹、莲花、石榴花等各种花卉，以巧妙手法组织成千变万化的装饰图案。宝相花纹是将花朵的各种形态，如盛开的花、花瓣、花苞等，进行艺术处理，按放射对称的规律组合成装饰花纹。

图188　莫高窟第334窟
彩塑佛弟子袍服
穿枝葡萄纹　初唐

图189　莫高窟第334窟
彩塑观音裙子
凤凰卷草纹及宝相花纹　初唐

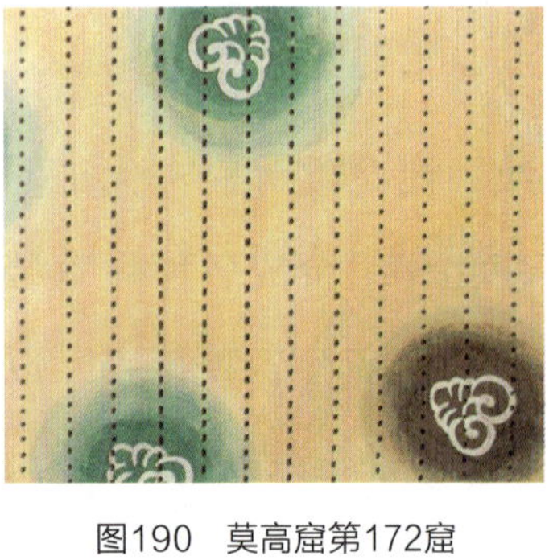

图190　莫高窟第172窟
彩塑佛弟子袈裟
纹缬彩晕云头团花纹　盛唐

敦煌唐前期壁画和彩塑绘有各类服饰图案。如莫高窟第334窟初唐彩塑佛弟子袍服上的穿枝葡萄纹（图188）；莫高窟第334窟初唐彩塑观音裙子上的凤凰卷草纹及宝相花纹（图189）；莫高窟第172窟盛唐彩塑佛弟子袈裟上的纹缬彩晕云头团花纹（图190）；莫高窟第205窟盛唐彩塑佛弟子袈裟上的山云纹（图191）；莫高窟第130窟盛唐都督乐庭瓌夫人供养像披帛上的写生型折枝花纹（图192）。莫高窟第130窟都督夫人礼佛图侍女供养像衣服上的写生型折枝花纹（图193）；莫高窟第31窟卢舍那塑像佛衣上的云树房屋纹（图194）；莫高窟第446窟彩塑观音像裙子上的龟背宝相花纹（图195）；莫高窟第194窟彩塑菩萨上衣图案（图196）；莫高窟第194窟彩塑天王像裤料图案（图197）。

图191　莫高窟第205窟　彩塑佛弟子袈裟　山云纹　盛唐

唐前期，敦煌地

图192　莫高窟第130窟
都督夫人供养像披肩
写生型折枝花纹　盛唐

图193　莫高窟第103窟
都督夫人礼佛图侍女供养像衣服
写生型折枝花纹　盛唐

图195　莫高窟第446窟
彩塑观音像裙子
龟背宝相花纹　盛唐

图194　莫高窟第31窟
卢舍那塑像佛衣
云树房屋纹　盛唐

图196　莫高窟第194窟　彩塑菩萨
印花绸上衣图案　盛唐

图197　莫高窟第194窟　彩塑天王像
印花裤料图案　盛唐

区凭借优越的地理位置与西域交往频繁，外来纹样传入敦煌。此时服饰图案纹样华美精致、色彩鲜艳、丰富多变、异彩纷呈。初唐时期，敦煌莫高窟服饰图案繁花似锦、丰富多样，形成了独特的装饰风格。这些纹样通过不同的排布组织，在服饰上生成千变万化、色彩丰富的装饰图案。莫高窟服饰图案从侧面体现出唐朝前期织造工艺的特征。此时花卉植物图案开始兴起，已经逐步代替隋代以几何纹为主的装饰图案。服饰上的几何纹样主要以菱形纹为主，还出现了方格纹和联珠纹。

盛唐时期的服饰图案题材主要为植物纹样和几何纹样。纵观盛唐时期敦煌莫高窟服饰图案，仍然具有鲜明的继承性。这一时期，几何图案以菱形纹为主，还出现了方格纹、龟背纹、联珠纹等几何纹样。植物题材纹样包括宝相花纹、卷草纹、散花纹等，反映出盛唐时期的服饰图案已经由北朝的古朴稚拙逐渐变得华丽丰富。宝相花纹等复杂纹样的出现，与纺织工艺的提升有着密切的联系。这些植物图案的流行表明盛唐的服饰图案主题已从几何题材逐渐转向世俗化、生活化的花卉题材。唐代图案丰满圆润、富丽堂皇的风格通过植物纹样被表现得淋漓尽致。

图198　莫高窟第159窟
女供养人服饰图案　中唐

吐蕃统治敦煌时期，服饰纹样与盛唐相比，较为单一，没有创新，仍然流行盛唐时的忍冬纹、窠花纹、卷草纹、宝相花纹、团花纹等。这一时期敦煌石窟中出现的服饰图案的代表作品有莫高窟第159窟女供

图199　莫高窟第180窟
佛龛下方女供养人　印花绸服饰图案　中唐

图201　莫高窟第197窟　观音菩萨
印花腰带图案　中唐

图200　莫高窟第197窟　彩塑观音菩萨
印花绸上衣图案　中唐

图202　莫高窟第205窟
天王彩塑披风图案　中唐

养人服饰图案（图198），莫高窟第180窟佛龛下方女供养人服饰图案（图199），莫高窟第197窟彩塑观音菩萨上衣图案（图200），莫高窟第197窟观音菩萨印花腰带图案（图201），莫高窟第205窟天王彩塑披风图案（图202）。

张氏归义军时期，服饰纹样比盛唐时期更加丰富，涌现出许多新的纹样。这与当时纺织工艺的飞速发展有密切关系。当时服饰质料有很多种，如锦缎、纱縠、罗绢等丝织品；工艺上流行缬染、刺绣等。工匠们把这些纺织业的成就都反映在壁画和塑像人物形象上。

这一时期流行的服饰纹样主要有卷草纹、宝相花纹、花鸟纹。卷草纹、宝相花纹从唐代前期开始就一直非常流行。张氏归义军时期新的特点是花鸟纹的广泛使用。贵族女供养人的衣裙多以花鸟纹为织锦图案，即以小花丛组成团花，间以朵云和绕花飞舞的小鸟。这一时期的很多服饰也表现出各种缬染的图案，说明当时的缬染工艺已发展得非常成熟。缬染有很多种，有“夹染”“蜡染”“绞染”等等。夹染是指将织物夹入两块花纹相同的镂空板中间，在镂空处涂以粉浆、蜂蜡等防染剂，然后拆去缬板，将织物投入染缸印染，染后去除防染剂，花纹即现。蜡染是用铜片、竹竿等特制的工具蘸熔化的蜡液在白布上描绘图案，绘成后将其投入染缸浸染，使织物无蜡部分染上颜色，然后除去蜡层，即成色地白花的织物。也有在浅色布上染深色花纹者。由于蜡层凝结后收缩会产生许多裂纹，染料渗入裂缝，所以织物在浸染后常出现一丝丝不规则的纹理，形成一种独特的装饰效果。绞染是把丝绸布帛用针线缝扎起来，染色时使其局部得不到染色，染后将线拆除，缚结之处便显现出色泽不匀的花纹，由于系扎方法不同，形成的花纹也不一样。这些染缬的方法在魏晋南北朝时期已开始使用，到了隋唐时期更为流行。

莫高窟第12窟女供养人裙饰几何纹暗地衬花草纹（图203），莫高窟第138窟女供养人裙子鳞形几何填花纹（图204），莫高窟第9窟女供养人披肩巾染缬彩晕竖条花草纹（图205），莫高窟第9窟女供养人衣胸花簇对鸟纹（图206），莫高窟第138窟女供养人上衣鸟衔枝纹（图207）是张氏归义军时期服饰图案的反映。

图203　莫高窟第12窟

女供养人裙子几何纹暗地衬花草纹　晚唐

图206　莫高窟第9窟

女供养人衣胸花簇对鸟纹　晚唐

图204　莫高窟第138窟

女供养人裙子鳞形几何填花纹　晚唐

图205　莫高窟第9窟

女供养人披肩巾染缬彩晕竖条花草纹　晚唐

图207　莫高窟第138窟

女供养人上衣鸟衔枝纹　晚唐

图208 莫高窟第98窟
女供养人披帛上的图案 五代

图209 莫高窟第98窟
女供养人裙腰上的纹样 五代

曹氏归义军时期，服饰图案基本沿袭晚唐的样式，流行卷草纹、宝相花纹、花鸟纹等。其中凤鸟衔枝图案非常盛行。当时回鹘女装的领口和袖口都绣有凤鸟衔枝的纹样；汉族贵族女装上也有大量花鸟纹样，小鸟于花枝间展翅飞翔，形象生动活泼，更显服装主人的雍容华贵。如莫高窟第98窟女供养人披帛上的图案（图208），莫高窟第98窟女供养人裙腰上的纹样（图209）都是此时流行的典型纹样。

敦煌莫高窟服饰图案不仅是人物形象的构成元素，还蕴含着独立的文化及艺术形态。敦煌石窟中的服饰图案虽是画工笔下的绘画艺术，但毕竟源于现实生活，能够体现出当时的审美观念及文化特征。敦煌的服饰艺术、流行风尚的变化，从一个侧面反映了丝绸之路多元文化交流碰撞的进程，多民族、多文明交汇融合、共同繁荣的进程，为我们认识敦煌、了解敦煌提供了全新的视角。

参考文献

一、论著目录

季羡林主编《敦煌学大辞典》，上海：上海辞书出版社，1998年。

敦煌研究院编《敦煌莫高窟供养人题记》，北京：文物出版社，1986年。

敦煌研究院编《中国石窟·敦煌莫高窟》第1—5卷，北京：文物出版社，1982年。

段文杰《敦煌石窟艺术论集》，兰州：甘肃人民出版社，1988年。

敦煌研究院编《敦煌研究文集》，兰州：甘肃人民出版社，1982年。

谢生保主编《敦煌供养人》，兰州：甘肃人民出版社，1999年。

宁可、郝春文《敦煌的历史和文化》，北京：新华出版社，1993年。

沈从文《中国古代服饰研究》（增订本），上海：上海书店出版社，1997年。

周锡保《中国古代服饰史》，北京：中国戏曲出版社，1984年。

孙机《中国古舆服论丛》，北京：文物出版社，1993年。

李肖冰《中国西域民族服饰研究》，乌鲁木齐：新疆人民出版社，1995年。

黄能馥、陈娟娟《中国服饰史》，上海：上海人民出版社，2004年。

华梅《中国服装史》，第2版，天津：天津人民美术出版社，1999年。

周汛、高春明《中国历代服饰》，上海：学林出版社，1984年。

周汛、高春明《中国衣冠服饰大辞典》，上海：上海辞书出版社，1996年。

周汛、高春明《中国历代妇女妆饰》，上海：学林出版社，1997年。

高春明《中国服饰名物考》，上海：上海文化出版社，2001年。

常沙娜《敦煌历代服饰图案》，香港：万里书店有限公司，1986年。

谭蝉雪主编《敦煌石窟全集·敦煌服饰画卷》，北京：商务印书馆，2005年。

刘永华《中国古代军戎服饰》，上海：上海古籍出版社，1995年。

赵昭《霓裳羽衣——古代服饰文化》，南京：江苏古籍出版社，2002年。

赵昭《云想衣裳——中国服饰的考古文物研究》，成都：四川人民出版社，2004年。

李芽《中国历代妆饰》，北京：中国纺织出版社，2004年。

周峰《中国古代服装参考资料》（隋唐五代部分），北京：北京燕山出版社，1987年。

《中国丝绸服饰全集·历代服饰卷》（上、下），天津：天津人民美术出版社，2004年。

《中国壁画全集·敦煌5初唐卷》，沈阳：辽宁美术出版社，1989年。

《中国壁画全集·敦煌6盛唐卷》，天津：天津人民美术出版社，1989年。

《中国壁画全集·敦煌9五代宋卷》，沈阳：辽宁美术出版社，1990年。

《中国敦煌壁画全集10·敦煌西夏元卷》，天津：天津美术出版社，1996年。

二、插图资料目录

敦煌研究院编《中国石窟·敦煌莫高窟》，第1—5卷，北京：文物出版社，1982年。

谭蝉雪主编，《敦煌石窟全集·敦煌服饰画卷》，北京：商务印书馆，2005年。

常沙娜《敦煌历代服饰图案》，香港：轻工业出版社，1986年。

段文杰《段文杰临摹敦煌壁画》，日本国株式会社见闻社，1994年。

敦煌研究院文献研究所编，谢生保主编，赵俊荣白描《敦煌壁画白描精萃·敦煌供养人》，兰州：甘肃人民出版社，1995年。

敦煌研究院文献研究所编，谢生保主编，赵吴成、马玉华、邵宏江白描《敦煌壁画白描精萃·敦煌故事画》，兰州：甘肃人民出版社，1998年。

敦煌研究院文献研究所编，谢生保主编，吴荣鉴白描《敦煌壁画白描精萃·敦煌飞天》，兰州：甘肃人民出版社，1995年。

敦煌研究院文献研究所编，谢生保主编，赵吴成白描《敦煌壁画白描精萃·敦煌乐伎》，兰州：甘肃人民出版社，1995年。

敦煌研究院编《李其琼临摹敦煌壁画选集》，上海：上海古籍出版社，2004年。

高春明《中国服饰名物考》，上海：上海文化出版社，2001年。

黄能馥、陈娟娟《中华历代服饰艺术》，北京：中国旅游出版社，1999年。

潘絜兹《敦煌壁画服饰资料》，北京：中国古典艺术出版社，1959年。